홈 비즈니스, 뷰티로 시작해볼까?

CEO 이수진의
뷰티
BEAUTY
라이프 스타일을
판다
LIFE STYLE

이수진 지음

한국경제신문 *i*

추천사

"때로는 잘못 탄 기차가 우리를 올바른 방향으로 데려다준다."

연금술사 파울로 코엘료의 말처럼, 이수진 대표도 오늘의 뷰티 사업을 일궈내기까지 우여곡절과 파란만장함으로 지칭되는 역동적인 삶을 스스로 개척해왔다. 곤경도 지나고 나면 풍경으로 보인다. 역경을 뒤집어야 경력이 나오듯, 이수진 대표의 지금은 과거의 고뇌에 찬 결단과 결연한 실행의 흔적이 축적되어 만든 기적의 산물이다. 몸소 체험하며 부딪친 마주침만큼 가르침이나 깨우침으로 다가오는 지혜는 없다.

어제와 다른 마주침으로 색다른 깨우침을 선물하기 위해 경영 현장에서 쉽지 않은 현실과 싸우며 나만의 고유한 뷰티와 마케팅 진실을 캐내는 이수진 대표의 책은 힘든 삶을 살아가는 우리 모두에게 선물 같은 대책을 마련해준다. 머리로 고민만 하지 말고 몸을 던져 어제와 다른 오늘을 맞이하고 싶은 사람에게 필독을 권하고 싶다.

지식생태학자, 한양대학교 교수, 《책쓰기는 애쓰기다》 저자 유영만 교수

내가 평소에 지켜본 이수진 대표님은 현재 운영하고 계신 사업에 대한 열정과 더불어 지식과 경험이 풍부한 분이다. 그중 가장 높이 사는 부분은 열정이다. 항상 주변에 에너지가 넘치게 만드는 분이다. 이 책을 통해서도 그 에너지를 충분히 느낄 수 있었다. 평소와 같이 과장 없이 솔직하게 표현했다는 느낌이 들었다. 책을 읽는 내내 에너지를 느낄 수 있었고, 그 에너지가 오랫동안 머리와 마음에 남을 것 같다. 삶의 자세에 대해 본질적이고 근본적인 것을 바꾸는 계기가 되지 않았나 생각된다.

이브자리 고진수 대표

단숨에 읽혔다. 잔잔하면서도 역동적인 워킹우먼의 라이프! 대한민국 여성이라면 누구나 고개가 끄덕여지는 그녀만의 성공 스토리! 이제부터 시작된다.

패션 뷰티 저널리스트, 〈fashionbiz〉 이정민 기자

"50 to 5000 and Beyond"
우리 사회에서 경단녀로서 사회에 나와 성공하기란 '하늘의 별 따기'라는 말이 있다. 이수진 대표의 열정과 노력, 그리고 성공을 위한 희생이 책으로 다 전해질 수는 없겠지만, 인맥 50명에서 시작해서 이제 업계 리더로서 자리매김한 그녀의 성공 스토리를 통해 독자들은

많은 영감과 용기를 얻으리라 믿는다.

　　뷰티 전공자가 아니어서 더욱 현장 경험을 바탕으로 이론 공부에 열중했던 이수진 대표의 열정을 엿볼 수 있는 도서다. 경력 단절녀분들, 비전공자인데 뷰티업을 하고 싶어하는 사람들, 뷰티학과를 꿈꾸는 예비 대학생들의 마음을 잘 헤아려 손해 본다는 생각이 들 정도로 아낌없이 정보를 담은 듯하다. 옆에서 사업하는 모습을 지켜본 1인으로서 그녀의 진심과 노력에 응원의 박수를 보내고 싶다. 내가 아는 한 그녀의 열정은 쉽게 식지 않을 것이다.

뷰티 전문 매거진 〈BI〉 장향자 대표

CEO 이수진의 **뷰티 라이프 스타일을 판다**

7 　　경력 단절을 극복하고 사회에 나왔던 사업 초기엔 남편의 외조로 별다른 큰 어려움 없이 남들보다는 화려하게 리스타트할 수 있었다. 그 당시, 내 회사 위브씨앤씨는 IT회사 위브의 계열회사로 성장시켜보자는 우리 부부의 비즈니스 드림만으로 만들게 되었다.

　　막상 시작한다고 했을 때 남편은 못 믿어하는 눈치였지만, 나의 무서운 추진력에 마지못해 지지하게 되었다. 그렇게 SNS를 하지 않고서는 브랜딩이 힘들어지는 시대에 위브씨앤씨는 스타트한 것이다.

난 직원들에게 SNS에 관한 모든 업무를 맡겼고, 블로그 한 번 써보지 않았다. 그저 신규 오프라인 영업에만 집중하는 오너였다. 사업을 하기 위해 현장 경험 외 공부할 게 많았다는 것을 전혀 모르고 무식하게 돌직구로 나아갔다. 그러나 사업을 하면 할수록 내가 모르는 분야가 너무 많고 해야 할 공부의 연속이라는 것을 어느 순간 몸과 마음으로 체감하게 되었다.

안타깝게도 내 사업이 자리 잡기도 전에 남편의 사업 실패라는 심각한 위기를 맞이하게 되었다. 소유하고 있던 아파트들과 자동차를 다 매각하고 월세 아파트를 전전하면서 살게 된 것이다.

8

사업 운영 자금은커녕 벌기가 무섭게 은행에서 빼가는 악순환으로 3년 이상을 버텼던 것 같다. 이러한 상황 속에서 한참 성장 중이던 두 아들을 키우며 피눈물 나는 설움을 느꼈다. 빚 독촉! 내 인생에 이런 일을 겪다니…. 자존심이 상해 죽고 싶다는 생각까지 들었고, 이혼도 하고 싶었지만, 난 아이들을 위해 이 악물고 설움을 참아가며 하루하루를 48시간으로 살아간다는 마음으로 버텼다. 당해보지 않으면 절대 이해하지 못하는 그런 상황이었다.

나는 정신을 똑바로 차리고 직원들에게 맡겼던 업무를 내 손으로 직접 배우기 시작했다. 그리고 우리 가정의 경제 상황을 솔직하게 이야기한 뒤, 직원들을 회사에서 떠나보낼 수밖에 없었다.

3년이란 시간을 버티고 나니 직원들에게 맡겼던 모든 업무는 자연스레 우리 부부에게 익숙해지고 있었다. 솔직히 나이나 경력이 많아서인지 훨씬 더 잘하게 되었다.

고정비 절약, 사무실 축소 등 줄일 수 있는 비용은 모두 다 절약해가며 밑바닥이라는 마음으로 처절하게 버틴 시간이었다. 그러다 보니 화장품 수입, 수출, 제조, 유통, 교육, 바이럴 마케팅, 코칭, 컨설팅까지 모든 과정을 일하면서 매일 공부했다.

다행히 프로그래머 출신 남편과 온라인 마케팅, 네이버 스마트 스토어까지 함께 아이디어를 내고 회사 운영을 하며 우리 가족은 지금까지 위기를 극복하고 잘 지내고 있는 듯하다.

환경적·경제적으로 힘들어하는 싱글맘과 워킹맘, 투잡을 원하는 직장인들에게 조금이나마 도움이 되고자 나의 경험과 정보를 책으로 담아내게 되었다.

사회 생활하면서 나름 분석해보니 40대 워킹우먼으로 살아가는 분들은 대략 다섯 가지 형태로 나뉘었다. 첫 번째, 전문직 여성, 두 번째, 싱글맘, 세 번째, 사별한 여성, 네 번째, 남편보다 더 능력 있는 여성, 다섯 번째, 싱글이다.

이유야 가지각색일 수 있지만, 마흔 살 이상의 나이에 일할 수 있다는 것만으로도 엄청난 능력자다. 집안일하고 아이들을 키우며 사회에서는 자신의 자리를 찾아가는 대한민국 워킹맘들에게 이 책이 조금이나마 도움이 되었으면 좋겠다.

명문대를 나온 것도 아니고 능력이 뛰어난 것도 아니기에 워킹맘으로 잘 살아가기 위해서는 많은 것을 배우고 공부하며 치열한 현장을 겪어야 했다.

이번 책을 준비하면서 내가 깨달은 한 가지는, 내 꿈을 응원해주고 적극적으로 도와주는 분들이 내 옆에 많이 계신다는 것이다.

나는 지인들에게 건강만 허락한다면, 80살까지 일하며 살아갈 것이라고 이야기한다. 앞으로 30년이나 남았다. 시간 나는 대로 운동하면서 건강을 지키고, 긍정적인 마인드로 세상을 향해 밝게 도전하며 살아갈 것이다. 그리고 지금의 내 회사 위브씨앤씨를 더욱 탄탄하고 알차게 키울 것이다. 내가 좋아하는 뷰티업을 할 수 있음에 감사한 마음으로 매일 기도한다. 지금까지 조찬모임 또는 비즈니스로 만난 대표님들만 500명이 넘는다. 난 그들의 사업, 인생 스토리를 통해 내가 가지지 못한 부족함을 채우며 배우기 위해 노력해나가고 있다.

49세 이수진도 할 수 있는 'K뷰티 SNS 마케팅'에 대해 궁금하거나 도움을 원하시는 분들이 계시다면 지금껏 살아왔던 것처럼 전국 어느 곳이든 현장으로 달려가 도움을 드리며 살아가고 싶다. 난 한국의 에스티로더를 꿈꾸는 워킹우먼이기 때문이다.

> "여자에게 쏟는
> 찬사는 미와 지성,
> 감성 때문이지,
> 젊음 때문이 아니다."
>
> – 에스티로더

바쁘다는 핑계로 자주 찾아뵙지 못하고 연락을 못 드린 나의 부모님, 세 명의 어여쁜 내 동생들, 제부들, 사랑스러운 조카들, 글 좀 쓰겠다고 새벽부터 예민하게 잠을 설치게 해 미안한 우리 두 아들, 25년 동안 묵묵히 옆에서 가정을 지켜준 남편, 나를 지지하고 응원하는 워킹우먼들, 친구, 지인들, 내가 아는 모든 사업가에게 진심으로 감사 인사를 올립니다.

　고맙고 사랑합니다.

이수진

사랑하는 네 딸들아,

힘들었던 한 해가 가고 있구나.

이제 며칠 있으면 우리 모두에게

희망찬 새해가 열릴 거라고 확신한다.

내 딸들 모두에게 행복과 건강한 한 해가 되길 기도할게.

– 사랑하는 엄마가

아름다움은 참으로 묘한 것이다.
조각조각 나눌 수 없으며
선한 마음, 행복한 마음과
따로 떼어 생각할 수도 없다

– 헬레나 루빈스타인

벌거벗은 채 브로드웨이를 걷는 여성은
부끄러움을 느낄 것이다.
화장을 하지 않은 여성도
이와 똑같이 느끼도록 나는 만들 것이다.

−엘리자베스 아덴

3장. Sujin's Beauty Life Style

1장.

클렌징 > 스킨 > 아이크림 > 에센스 > 영양크림

──────── 클렌징 ────────

나의 하루는···

나의 하루는 보통 아침 6시부터 시작된다. 이번 책을 집필할 때는 새벽 4시에 기상해서 글을 쓰기 시작했다.

가족들이 모두 잠든 시간이라 고요하고 집중도 잘 되었으며, 내 시간을 방해하는 이가 아무도 없었기 때문이다. 집중력도 좋은 시간이라 독서 타임을 갖기에도 좋았다. 디지털 시대이긴 하지만, 아직 난 아날로그 감성이 편하고 좋다.

기상 시간이 얼마 지나지 않은 시각, 일주일 전에 스마트 스토어에서 팔린 제품 대금이 내 통장으로 입금되는 핸드폰 앱 소리로 살짝 기분 좋은 하루를 시작하게 된다. 샤워 후, 가족들을 위한 아침 식사를 준비한다. 아침 식사를 준비하는 동안 커피머

신에 원두를 넣고 내린다. 그 후, 달콤한 향기를 입안에 머금고, 견과류 한 봉지를 곁들이며 SNS에 아침 인사를 하고 홍보할 제품들을 포스팅한다. 비가 오나, 눈이 오나, 바람이 부나, 이런 루틴으로 하루를 시작한 지 벌써 5년째다.

아침 햇살이 내리쬐는 소파에 앉아 커피 한 잔에 독서 타임

하루 업무는 아침 10시의 미팅으로 시작되기에 그 시간에 맞춰 출근 준비를 하고, 집을 나선다.

여성분들을 만날 때는 아침을 생략하고 브런치 미팅을 선호하는 편이다. 그 덕분에 유명 브런치 맛집은 누구보다 많이 가본 듯하다. 새로운 맛과 분위기 좋은 곳에서 업무를 진행하는 모습

역시 블로그 포스팅으로 알리고 있다. 나의 일과는 디지털 노마드족*으로 살아가고 있는 셈이다.

출근 시간은 김포 한강신도시 기준으로, 신사동까지 1시간 30분 이상 걸린다. 사무실은 지인의 사무실에 자리 하나를 얻어 그곳에서 편안하게 비즈니스 미팅을 주로 한다. 주 2~3회 이용하는 편인데, 주차비 무료에 월세 없이 이용하고 있어 너무 감사하다. 그 대신 나는 화장품 분야의 신제품 품평이나 해외 수출입 관련 비즈니스 미팅을 대신한다. 협업 비즈니스를 이용한다면 비용 절감과 시너지 효과를 얻을 수 있다.

하루 왕복 2~3시간의 출퇴근 시간을 보내는 동안 차 안에서 내가 좋아하는 음악을 듣거나 유튜브, 라디오를 들으며 보낼 때가 많다. 간혹 전화로 업무 처리하며 보낼 때도 있다. 보통 거래처 주문은 오전 9시부터 오후 2시 사이에 카카오톡 메시지나 이메일로 받고, 제품 오더를 회사 휴대전화로 전달해준다.

중요한 업무 사항은 곧바로 통화해서 처리한다. 물론 제품 택

---

*디지털 노마드족
  첨단 디지털 장비를 갖추고 여러 나라를 다니며 일하는 사람 또는 그런 무리

배 배송 업무나 온라인 업무, CS 고객 상담, 반품처리 등은 재택 근무 중인 남편이 처리해주고 있기에 가능한 일이기도 하다. 강남에 있었던 회사 사무실을 접고 보증금과 150만 원 이상의 월세를 절약하며 내가 만든 우리 회사의 운영 시스템이다. 고정 비용을 줄이고 직원 대신 남편과 함께 업무를 하다 보니 효율적인 부분도 많다. 그렇기에 자유로운 시간 조절로 강의나 코칭, 컨설팅 업무도 함께할 수 있어 멀티플레이가 가능한 것이다.

퇴근 시간 역시 내가 정한다. 미팅이 많은 날은 저녁까지 바쁘게 서너 건의 미팅을 하고, 좀 여유로운 날은 집에서 운동, 독서, 사색 시간을 즐기면서 시간을 보낸다. 주말에는 특별하게 급한 업무가 아닌 이상, 밀린 집안일(대청소, 반찬 만들기 등)을 하며 영화 감상이나 화제의 드라마 몰아보기 등으로 소소한 여가 생활을 누린다. 그리고 둘째 재호와 학교 생활 등을 이야기하면서 동네 주변 공원을 한 바퀴 돌며 가벼운 외식도 즐긴다. 이런 나의 생활이 나만의 소확행(소소하지만 확실한 행복)이 된 것이다.

스킨(토너)

도전을 두려워하지 않는 소녀

어릴 적, 나의 마음속에는 항상 새로운 것에 대한 호기심이 가득했고, 무엇이든 배우고 당장 실천하려는 욕구가 강했던 것 같다. 키는 또래 아이들보다 컸고, 몸은 가냘프고, 바닷가에서 태어난 것 같지 않은 피부가 하얀 여자아이였다. 그러나 정신력만큼은 사내아이들 못지않았다. 네 자매 중 첫째로 태어나 강하고 자립심 있게 키운 부모님 덕에 난 무엇이든 거침없이 해내는 편이었다.

다섯 살 무렵, 엄마가 나에게 갓 돌 지난 동생을 맡기고 잠깐 시장에 가면, 그 사이 동생의 똥 기저귀를 갈아주고, 엉덩이를 닦아준다고 세숫대야에 물을 가득 담아오다가 방바닥에 엎질러 안

방은 물바다가 되기도 했다고 한다. 여섯 살 때는 엄마를 돕겠다며 곁눈질로 배워 연탄불에 밥을 해놓았으며, 혼자 한글을 다 떼서 엄마 말씀으론 영재가 탄생한 줄 착각하실 뻔했다고 한다. 그러나 학창 시절엔 정말 공부에 흥미가 없었다. 지금 생각해도 공부보다는 사람이나 주위 환경에 관심과 호기심 많은 아이였다.

"얘야, 너 남자아이 아니니?"라는 질문을 자주 들을 정도로 짧은 바가지머리가 아주 잘 어울렸고, 매일 놀이터에서 또래 동네 남자아이들과 해가 질 무렵까지 어울렸던 아이였다. 심지어 주택단지였던 우리 집 지붕 위 담벼락부터 옆집, 뒷집 지붕과 담벼락을 넘나들며 숨바꼭질했던 철부지 에너자이저 개구쟁이 소녀가 바로 나였다.

엄마가 "수진아, 들어와서 밥 먹어라"라고 부르시면, 미끄럼틀에서 내려오다가 치마가 찢어진 줄도 모르고 천자락을 너덜너덜 늘어뜨리고 다니면서 누구보다 놀이터에서 끝까지 신나게 잘 놀던 아이였다. 그런 남자다운 성격에도 불구하고 아이러니하게도 내 꿈은 한결같이 '미스코리아'였다. 아마 이때부터 이미 뷰티에 대한 꿈이 마음 한구석에 자리 잡고 있었던 것 같기도 하다

초등학교 때는 피아노를 배워 콩쿠르 대회에 나가 수상도 했

고, 내가 연주하는 피아노 음악에 맞춰 노래 부르기를 좋아했다. 중·고등학교 때는 무용 선생님의 추천을 받을 정도로 발레를 좋아했으며, 미술 선생님에게 디자인 색채 감각이 좋다는 소리도 들었다.

하지만 공부를 하기 싫어했기에 명문대학에 가기는 현실적으로 어려웠다. 솔직히 공부를 어떻게 해야 하는 줄도 몰랐다. 그저 하루하루를 신나게 놀거나 멍 때리기, 일기 쓰기로 보냈던 것 같다.

고등학교 1학년, 특별활동 부서를 정해야 했기에 난 교내 방송국 아나운서부에 지원했다. 지원자는 70명 정도였는데, 주어진 멘트를 통해 발성, 발음 등을 체크하는 마이크 테스트로 선발했다. 믿기지 않았지만, 지원자 70명 중 아나운서부 네 명을 뽑는 자리에 놀랍게도 내가 뽑혔다. 그래서 고등학교 1, 2학년 점심시간은 친구들과 도시락을 함께 먹는 날보다 점심시간에 나갈 교내 방송 준비를 위해 2교시 후 쉬는 시간에 도시락을 까먹었던 기억이 많다.

그 당시는 말수가 별로 없어서 많은 친구들을 사귀지도 못했고, 남들에게 맞춰야 한다는 생각도 해본 적이 없이 혼자만의 시간에 빠져 살았던 것 같다.

총 네 개의 고등학교가 있었는데 나는 그중 가장 경치 좋은 고등학교에 다닐 수 있었다. 여수에서 오래 살아서 내 말투엔 자연스레 묻어나는 전라도 사투리와 큰 목소리를 통해 나오는 거센 억양이 있었다. 하지만 아나운서가 되고 싶었던 나는 그 당시 라디오 프로그램 〈별이 빛나는 밤에〉를 들으며, 라디오 DJ의 음성을 테이프에 녹음해 따라 하고, 입에 볼펜을 물고 국어책을 읽어가며 아나운서의 꿈을 꾸었다. 아나운서가 되고픈 마음에 틈나는 대로 열심히 아나운서 흉내를 내고 연습하는 시간을 즐겼다.

언젠가 여수 라디오 방송에서 시 낭송 대회가 있었는데, 내가 녹음해서 보낸 목소리가 뽑히기도 했다. 새로운 것에 도전하는 일을 참 즐겼던 것 같다.

기회가 되면 망설임 없이 도전했던 것 같다. 사춘기 시절, 나는 중·고등학교 때까지 매일 일기를 쓰고 시 쓰기를 좋아하는 감성이 넘치는 소녀였다. 사춘기 때는 하굣길에 가끔 혼자 버스를 타고 여수 오동도 앞바다를 바라보며 생각나는 대로 노트에 글을 쓰고, 로맨틱한 팝송 음악에 취해 사색의 시간을 보내기도 했다.

중학교 때 무용 선생님의 권유로 친구 두 명과 학교 대표로 무용 대회에 나간 일도 있었다. 함께 나간 친구들은 방과 후 무용 학원에 다녔지만, 우리 부모님은 한전에 다니시는 아버지의 월급으로 네 자매를 키우셨기에, 사교육에 투자하는 것은 어려운 상황이었다. 무용 학원에 다닐 수 없었던 나는 등교 시간 아침 일찍 학교 무용실로 가서 거울을 바라보며 혼자 무용 연습을 하며 그들과 실력을 맞추기 위해 노력했다.

생각해보면 어린 시절부터 내가 좋아하는 일에 대한 열정만큼은 남에게 뒤지지 않은 것 같다. 다행히 우리 팀은 여수시 대회에서 우수상을 받았다.

무용·음악·미술에 관심과 재능이 있었던 소녀 이수진은 하루하루 즐기며 열심히 살다 보니 어느새 용감한 사람으로 성장해 있었다.

28

첫 뷰티 청강이
나의 인생길이 될 줄이야…

"안녕하세요, 여러분. 저희는 아모레퍼시픽 본사에서 내려온 OOO입니다."

"우와~~!"

우렁찬 박수 소리가 학교 강당 전체에 울려 퍼지기 시작했다.

대입 시험을 치르고 시간적 여유가 많았던 2월의 어느 날로 기억한다. 3학년 모두가 학교 강당에 모인 자리였다. 여고생들만의 혜택이 아닐까 싶다.

우리나라 최대 규모 화장품 회사에서 전라남도 여수까지 내려와 스킨케어와 메이크업에 대해 강연을 하기 시작했다. 2시간 정도의 강연이었는데, 모든 게 신기했다. 내 주변 친구들의 잡담소리에 잘 들리지 않았음에도 난 마이크 소리에 완전히 집중했다. 깔끔한 헤어 스타일과 늘씬하게 정장을 차려입은 서울 말투의 예쁜 언니들을 바라보며 눈을 뗄 수 없었다.

그때 기억이 너무 아름다워서였을까?

그 후, 몇 년이 지나 대학을 졸업하고 잠깐 여수시청 아르바이트를 하고 있었던 어느 날, 퇴근 후 아빠와 함께 신문을 펼쳐 읽어보며 이런저런 근황 이야기를 하다가 화장품 회사 공채시험 응모를 보게 되었다.

"아빠, 여기 쥬리아 화장품이라는 곳에서 교육할 두 명의 본사 직원을 뽑는다는데, 지원해볼까요?"

아빠는 날 한참 바라보며 "그래, 너 출퇴근용 경차 한 대 사주려고 했는데, 서울에서 취업하면 그 돈으로 방 하나 얻어주마"라고 하셨다.

난 한 치의 망설임도 없이 다음 날 바로 지원했다. 여수시청에서 내가 맡은 공과금 관련 업무는 내 적성에 맞지 않았고, 20대인 내가 지방에 산다는 게 그 당시에는 너무 답답했기 때문이다. 그래서 죽기 살기로 4차까지 시험에 합격하고, 내가 원하는 화장품 회사에 입사하게 되었다. 그 당시 장업계 4위였던 쥬리아 화장품 입사는 엄청난 경쟁률을 뚫고 이루어낸 큰 결과물이었다.

백화점 내 쥬리아 화장품 매장 앞에서 메이크업쇼 진행 후 동료들과 함께

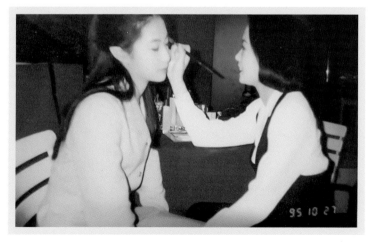

당시 쥬리아 모델이셨던 배우 송윤아씨와 함께

경기도 이천 쥬리아 연구소에서

입사 발표 후, 바로 서울로 올라와 회사 앞에 작은 자취방을
얻어 생활했다. 하지만 사회생활에 적응하는 것이 만만치 않았
다. 한 달에 한 번은 경기도 이천에 있는 연수원에서 전국 뷰티 컨
설턴트를 교육하기 위해 일주일 정도 교육을 하며 보내고, 나머
지 날들은 본사에서 전국 대리점 교육 및 신입사원 교육을 했다.

자취를 하다 보니 먹는 것도 부실했고, 회사 구내식당에서 먹는 한 끼가 제대로 된 식사의 전부였다. 외롭고 힘들었다. 하지만 어렵게 올라왔기에 하루하루 헛되게 보내긴 싫었다. 뷰티 공부를 시작하면서 나는 꿈을 꾸기 시작했다.

'그래 난 한국의 에스티로더가 될 거야.'

'한번 해보는 거야.'

화장품 회사를 운영하는 꿈에 인생을 걸고 싶었다. 에스티로더처럼 전 세계 여인들에게 사랑받을 수 있는 브랜드를 만들고 싶고, 그러기 위해 노력하는 멋진 뷰티인이 되고 싶다고 생각했다.

33

내가 뷰티 공부를 할 때는 회사 선배님들에게 물려받은 몇 권의 자료집이 전부였다. 그 기본서로 기초 교육을 배웠고, 1년이 지난 후엔 회사의 배려로 퇴근 후 압구정의 뷰티 아카데미에서 심화 과정과 실전 과정을 6개월 이상 배우며 실력을 쌓았다.

쥬리아 화장품 회사에서는 메이크업 학원을 보내주셨고, 씨에스코리아를 다닐 때는 스킨케어 학원을 보내주셨다. 난 운이 좋은 편이라 회사에서 지원해준 혜택을 다 받을 수 있었다. 나중에 들은 이야기지만, 내가 배움의 열정이 많아 대표님들께서 투자해주셨다 한다.

학원에서 배우는 부분은 주로 화려한 테크닉의 실기 위주여서 이론적으로 많은 부분이 내게 부족했다. 그래서 국내 피부과 의사분들이 쓴 책이나 외국에서 번역된 미용 서적 등을 찾아서 실력을 갖추려고 노력했다.

수입 화장품 회사에 다닐 때는 모든 자료가 영문이어서 인터넷과 사전을 찾아가며 번역을 해야만 했다. 영어 실력이 없었던 내가 단어 하나하나씩 찾으면서 하는 것은 무척 더디고 힘겨웠지만, 한번 찾은 단어나 성분은 잊을 수 없었다.

강의 교안이나 브로슈어, 카탈로그를 만드는 실력도 저절로 쌓이기 시작했다. 에스테틱 브랜드 유통회사라 직원이 대여섯 명 정도의 규모이다 보니 일인다역에 능숙해졌고, 누구도 가르쳐주는 사람이 없었기에 스스로 공부해서 깨우치는 것에 익숙해졌다.

요즘은 미용 특성화고부터 대학의 뷰티학과 대학원까지, 많은 학과와 진로가 있어 부지런히 인생 진로에 대해 고민해본다면 다양한 뷰티업계의 진로를 선택할 수 있다.

뷰티학과 교수, 뷰티 아카데미, 뷰티 유튜버, 뷰티 인플루언서, 화장품 회사 교육강사, 화장품 회사 대표, 화장품 유통 전문가, 화장품 회사 연구원, 맞춤형 화장품 조제 관리사, 화장품 전문가, 테라피스트, 메이크업 아티스트 등등 다양한 직업을 선택해서 인생 경험의 폭을 넓힐 수가 있다. 그리고 '뷰티' 업종은 정년이 없는 직업이기에 100세 인생을 꿈꾸는 요즘 같은 시기엔 건강만 허락한다면 전문직으로 오랫동안 활동할 수 있다.

내가 화장품 회사 시험을 볼 때, 당시 내 친구들 중 네 명이 승무원 시험 준비를 하고 있었다. 그중 단 한 명만이 엄청난 경쟁률을 뚫고 외국계 항공사에 취업했다. 하지만 안타깝게도 그 친구는 결혼과 동시에 일을 그만두게 되었다.

요즘 코로나19로 세상이 시끄러워지면서 해외 여행자는 점점 감소하고 항공사도 불황을 맞아 일자리를 잃은 분들이 많다는 소식을 접하게 된다. 그때 그 시절, 내가 화장품 회사를 선택하게 된 일이 얼마나 다행스러운지 모른다. 그리고 7년의 경력 단절로 살았던 시간을 넘어 다시 일할 수 있게 된 지금, 내 일이 자랑스럽고 사랑스럽지 않을 수 없다.

일을 할 수 있음에 행복하고 감사한 마음으로 살아가는 요즘, 내 일은 내 삶의 가장 큰 엔돌핀이다.

뷰티 교육 이론을 정립할 때 도움이 되었던 책 Best 10

≪나이 들지 않는 절대 원칙≫ - 안지현 지음
≪나는 당신이 오래오래 예뻤으면 좋겠습니다≫ – 강현영 지음
≪스킨 멘토링≫ - 안건영 지음
≪스킨케어 바이블≫ - 안잘리 마토 지음
≪오리지널 뷰티바이블≫ - 폴라 비가운 지음
≪나는 화장품으로 세상을 정복한다≫ - 권용수 지음
≪나는 오늘도 나를 믿는다≫ - 정샘물 지음
≪왜 자꾸 그녀에게 시선이 갈까?≫ - 나카이 노부유키 지음
≪박민수 박사의 저울 면역력≫ - 박민수 지음
≪스탠퍼드식 최고의 수면법≫ - 니시노 세이지 지음

에센스(세럼)

내 인생 첫 번째 비즈니스는
보세 아동복 사업이었다

마이키즈 시절

결혼 2주년 기념으로 남편과 8개월 된 아들 정호와 셋이 처음으로 2박 3일로 부산 여행을 다녀왔다. 남편 친구네와 함께한 가족 여행은 소소한 행복을 느낄 수 있는 시간이었다.

추억을 담은 아름다운 여행을 마치고 집으로 도착한 순간, 전화벨 소리가 울렸다. 집주인이었다! IMF 시기라 전

세 가격 상승 문제로 사회·경제적으로 매우 불안정한 시기였다.

"여보세요?" 주인의 전화 목소리를 듣자마자 왠지 불길한 예감이 들었다. "저 집주인인데요, 제가 운영하는 미용실이 좀 어려워져서…. 죄송하지만, 전세 가격을 올렸으면 합니다." 갑자기 오른 부동산 전세 가격 얘기와 함께 2,500만 원의 전세 비용을 올려달라는 것이었다. 혹시 힘들다면 본인이 부동산 중개 수수료와 이사 비용을 낼 테니 두 달 안에 이사해달라는 것이다. 결론은 이사 가라는 소리였다!

청천벽력 같은 소리에 집 없는 설움을 뼈저리게 느끼고 대책 없는 불안함에 남편과 나는 밤새 잠을 이루지 못했다. 이리저리 뒤척이며 '내가 뭘 하면 돈을 벌 수 있을까?'만을 내내 고민하며 아침을 맞았다. 그 당시, IT회사에 다녔던 남편은 평범한 월급쟁이였고, 시댁이나 친정 도움을 받을 수 없는 상황이었기에 나는 더 내가 직접 할 수 있는 일을 찾아봐야겠다고 마음먹었다.

다음 날, 본격적으로 내가 할 수 있는 일들을 찾아 나섰다. 〈교차로〉 같은 취업정보지도 살펴보고, 동네 한 바퀴 돌며 직원 구함이라는 글자가 붙어 있는 곳이 혹시 있을까 둘러보며 정신없이 시간을 보냈다. 평소 주말에는 신부 메이크업으로 아르바이트를 했던 시기라 하루 30~40만 원 정도의 페이가 들어왔지만, 우리 가계 경제에 보태기에는 턱없이 부족했다. 그때, '난 장사를 시작해보면 어떨까' 고민하기 시작했다.

그러던 어느 날, 유모차를 밀고 아파트 주변 상가를 지나다니다가 아이 엄마들이 많이 드나드는 보세 아동복 가게 하나를 발견했다. 매장 안 디스플레이도 한 눈에 쏙 들어왔다. 브랜드 매장은 아니었지만, 뭔가 브랜드 느낌이 나는 눈에 띄는 예쁜 옷 가게였다.

난 그 가게 안으로 불쑥 찾아 들어가 사장님을 뵙고 싶다고 직원분에게 이야기했다. 남대문에서 도매로 사입해서 소비자에게 판매하는 로드숍이었다. '마이키즈'라는 매장 이름도 예뻤고, 노란색 인테리어가 아동복 가게 이미지와도 아주 잘 어울렸다.

직원분은 나를 위아래 쳐다보더니 지금 사장님께서 계시지 않다고 했다.

"무슨 일이신데요?"

"네, 제가 이 옷 가게 프랜차이즈에 관심이 있어서요. 사장님께 제 연락처 좀 전해드리시겠어요?"

난 직원에게 전화번호를 메모해서 전해주고 집으로 돌아왔다. 며칠 후, 기다렸던 사장님으로부터 전화가 왔고, 난 미팅 약속을 잡고 사장님을 찾아뵈었다.

처음 뵙게 된 날, 나도 모르게 절박한 내 사정을 솔직하게 털어놓고, 사장님의 옷 가게 프랜차이즈를 하고 싶다고 말씀드렸다. 알고 보니 사장님은 이랜드 패션업체에서 10년 이상 일하셨던 분이셨고, 그 당시 '마이키즈'라는 옷 가게는 일곱 개의 프랜차이즈 지점이 있었다.

사장님은 내 사정을 찬찬히 들어보시고, 내게 일주일의 시간 동안 상권 분석과 시장 조사를 해오라고 과제를 내주셨다. 나는 일주일 동안 홍대, 연신내, 강서구 주변 상권을 돌아보며, 역세권의 높은 보증금, 월세, 권리금의 가격대를 뼈저리게 느끼게 되었다. 그렇게 '내게는 무리'라는 자포자기의 마음으로 다시 사장님을 찾아뵈었다. 창업 자금이 턱없이 부족한 나로서는 아무래도 프랜차이즈는 포기해야 할 것 같다고 조심스럽게 말씀드렸다.

처음 사장님을 찾아왔을 때의 당당함이 사라지고 기운 없어 보이고 자신감이 떨어져 보이는 내 모습이 안쓰럽고 답답하셨는지 감사하게도 사장님은 본인이 직영점을 하려고 준비해놓은 상권 하나를 내게 보여주셨다. 그리고 일주일 동안 시간대별로 나

눠서 자리가 괜찮을지 관찰해보라고 하셨다.

사장님께서 보여주신 그 가게는 숙녀복 가게였고, 현재 월세가 밀려 주인이 내놓은 상태라고 했다. 일주일 동안 하루에 손님이 언제 많이 오고 머무르고 몰려오는지를 지켜보았다. 그 후, 사장님께서는 내게 그 가게를 직접 해보라고 말씀하셨다.

장사 경험이 한 번도 없었던 나는 "그냥 해볼게요!"라고 감사의 인사를 전한 뒤, 용감하게 아동복 가게를 시작하게 되었다. 사장님 가게에서 단 3일의 수습만 마치고 바로 오픈 준비를 했다.

그리고 가게 근처에 작은 빌라를 얻어 집도 이사하기로 했다. 지인 하나 없는 일산이라는 신도시에서 그렇게 아동복 장사를 시작하게 되었다.

"여기 뭐가 생긴 거예요?"
"어머, 너무 예쁘다. 우리 손녀딸 옷 좀 사줘야겠네."
오픈 날인 5월 2일 일요일은 한마디로 운 좋은 날이었다.
아파트 밀집 지역의 중심상가라 우리 가게는 금세 동네 사람들의 입소문을 타면서 잘되기 시작했다. 일명 빅마우스 효과*다. "하루 30만 원 정도 판매하시면 괜찮을 거예요"라고 했던 사장님의 예상과는 달리, 개업 첫날 5월 2일은 79만 원, 5월 3일 180만

원, 5월 4일은 230만 원, 이런 식으로 매출은 기대 이상이었다.

합리적인 가격, 좋은 옷감, 예쁜 옷, 액세서리, 소품, 신발까지, 단골 손님들은 우리의 모든 것들을 믿고 만족하며 구매해주셨다. 그리고 우리 가게는 다른 가게보다 이른 영업 시간과 늦은 영업 마감으로 단골 손님을 만들기 위해 일요일까지 쉬지 않고 부지런히 최선을 다했다. 처음엔 주변에 여덟 개의 아동 옷 가게가 있었는데, 4년 후엔 한 개의 가게만 남고 나머진 문을 닫게 되었다. 나의 부지런한 근성과 성실함이 돋보이기엔 최적의 상황이었다.

딸만 넷인 우리 자매의 우애는 여기서도 빛이 났다. 나와 둘째 동생은 함께 가게 업무를 했고, 광주에서 대학을 다녔던 셋째, 넷째 동생이 한 달 동안 주말마다 일산으로 올라와 내 일을 도왔다. 어릴 적부터 미모가 남달랐던 두 동생은 주니어 사이즈 티셔츠와 점퍼를 입고 모델처럼 옷맵시를 뽐내며 가게 홍보를 위해 열심히 도왔다. 옷 가게 손님들은 두 동생들이 입고 있던 옷까지

---

*빅마우스(Big Mouth) 효과의 법칙

빅마우스 법칙은 입소문 효과, 구전 효과로도 불리며, 이미 제품이나 서비스를 이용해본 소비자들의 입소문에 의해서 다른 소비자들이 영향을 받아 제품을 구매하는 것을 말한다.

벗겨서 구매해갈 정도로 그 동네 핫이슈가 되었다. 부모님께서 항상 강조하셨던 자매애는 정말 최고였다.

　돈 버는 재미에 의욕을 불태우며 열정을 가지고 하루하루를 살아나갔다. 좋아하는 친구도 안 만나고 헛돈 쓰지 않으며 집과 가게만을 오가며 열심히 일했다. 오픈 1년이 지난 후, 난 프랜차이즈의 단점인 부진 재고 문제를 고민하다가 '마이키즈'를 그만두고 내 브랜드 '키즈클럽'으로 간판을 바꿔 새롭게 시작했다. 진정한 사업가로서의 첫 발을 내딛은 것이다.

키즈클럽 대표 시절

동생과 함께 직접 남대문에 물건을 사입*하러 주 2~3회 가다 보니 우리 가게는 고객의 눈높이를 만족시켰고, 남대문 사장님들도 우리가 시장에 자주 나오니 음료수를 건네며 신제품이나 잘나가는 디자인과 색상 선택에 많은 도움을 주실 정도로 나는 사업가로서 성장해나가고 있었다

2002년 월드컵 경기 4강 진출까지 붉은 악마 티셔츠, 스카프 판매는 우리 동네 독점 수준이었다. 하루 900장 이상을 판매했던 것 같다. 그때를 회상해보면 아직도 신이 난다. 전국의 소매상들이 붉은 악마 티셔츠를 판매하기 위해 도매상 가게 앞에서 새벽 5시까지 졸린 눈을 비비며 선착순으로 기다리다 물건을 받았고, 나는 시장에서 돌아오면 집이 아닌 가게 매대에 제품을 진열하고 가게에서 잠시 눈을 붙였다. 오픈 시간 9시가 되기도 전, 손님들이 붉은 악마 티셔츠, 스카프를 사러 와서 2시간이 채 안 되어 매진될 정도였다. 월드컵 4강까지 진출해 기분 좋은 건 물론이거니와 장사도 너무 잘되어 행복한 순간이었다.

물건 사입을 자주 나가다 보니 운전의 필요성이 커졌다. 몇

*사입
　상거래를 목적으로 물건 따위를 사들임

년째 장롱 면허였던 나는 운전 연수를 마치고 남대문으로 나가 새벽 시간까지 물건 사입을 하고 새벽 5시가 지나서야 벌겋게 충혈된 눈으로 집으로 돌아오곤 했다. 그 당시, 남편은 대전에서 지방 파견근무 중이어서 주말부부 생활까지 해야 했다. 가게가 너무 잘되다 보니 주변 상가 사람들의 시샘도 많았고, 단골 고객과 친해져서 믿고 이야기하다가 사람들에게 상처도 받아보고 원치 않는 구설수로 마음이 많이 아프기도 했다.

3년 만에 얻은 둘째 아이는 너무 무리하게 일한 탓에 안타깝게 자연 유산하게 되는 경험도 했다. 바쁜 업무량에 수술 후 일주일도 쉬지 못한 채 옷 가게로 다시 나와 일하며 돈을 벌어야 했다. 지금 생각해봐도 내 심신은 눈물 날 정도로 고생했다. 아파도 쉬지 못하고 울고 싶어도 울지 못하는 마음을 억눌러가며 당시 시집살이까지 너무 힘든 시기였다. 그 시절, 20대 후반의 수진이를 잠시 안아주고 토닥토닥 격려해주고 싶다.

밤부터 새벽까지 남대문 도매시장에 다녀오고 아침 9시 오픈해서 18시간가량 근무하다 보니 피곤한 날엔 잠을 잘 이루지 못했다. 그런 날이면 집 앞 동네 고깃집에서 동생과 술 한잔 기울이며 일과를 이야기하는데, 술잔으로 삶의 위로로 삼으며 잠들었던 생각이 난다.

내 사업 때문에 사랑하는 동생도 내게 많은 시간을 희생하고 도와주었다. 그래서 난 그 동생을 천사라 부른다. 그 당시, 우리 정호도 키워주었고, 최근까지도 방학 때마다 둘째 재호를 조카들과 함께 케어해주어 내가 자유로이 일할 수 있게 도와준 너무나도 고마운 동생이다.

5년의 아동복 사업은 나름 성공적인 마침표를 찍었다. 무권리로 시작해서 나올 때는 권리금 4,000만 원을 받고 나왔다. 너무 앞만 보고 일했기에 내 몸은 지쳐 있었고 쉬고 싶었다.

이 사업을 시작해 1년 반 만에 15평의 작은 아파트를 장만했고, 가게를 정리할 때는 20평의 아파트도 하나 장만하게 되었다. 그리고 경차 한 대와 남편의 차도 소유할 수 있었다. 나 혼자가 아니라 동생, 그리고 남편과 함께였기에 가능했던 일이다. 돌이켜보면 알차고 치열하게 살아간 노력의 결과였다.

국내 최초로 독일 화장품
VYON을 론칭하다

리츠칼튼 호텔 VYON 런칭 세미나

VYON 관계자와

　　장사의 경험이 나름 성공적이었으니 이젠 사업을 한번 시작
해보고 싶었다. 하지만 아동복 사업 후, 7년의 경력 단절을 극복
하고 다시 사회에 나왔을 때는 거래처, 인맥 하나 없었고, 제품
브랜드도 내가 다녔던 회사의 미국, 스페인 브랜드밖에 몰랐다.
그래서 나는 1년이 채 안 되는 시간 동안 현장 경험을 쌓고자 알
고 지내던 영업 사원을 따라 영업 방식을 배우고 국내외 박람회
장을 다니며 시장 조사를 하게 되었다. 나는 홍콩 코스모프로프
박람회에 나오는 한국에 수입이 안 된 브랜드를 찾아 나서기 시
작했다.

임 팀장과 함께한 홍콩 출장

　홍콩 코스모프로프는 전 세계에서 가장 크게 열리는 이태리 박람회 다음으로 큰 아시아 최대 박람회이고, 일단 한국과 가까워서 출장 차 다녀오기에도 부담스럽지 않았다. 그러던 중, 지인으로부터 독일 신생 브랜드 비욘(VYON)을 알게 되었고, 마침 비욘에서 한국 파트너를 찾는다는 말을 듣고 독일 사장에게 이메일을 보냈다.

신제품, 신성분 등 시장 조사 차 부스에서 미팅하는 모습

홍콩 코스모프로프 박람회

CEO 이수진의 **뷰티 라이프 스타일을 판다**

위브씨앤씨 회사 소개와 영업 비전, 연 매출 목표, 향후 브랜드 가치로 나아갈 방향 등을 어필해가며 여러 날을 소통한 후, 6월의 어느 날 미팅 날짜를 잡았다. 그리고 내 오른팔 역할을 했던 임 팀장과 함께 홍콩으로 날아갔다. 사실 모든 게 일사천리로 진행되어 정신없이 지나간 시간이었다. 화상 채팅만 하다가 낯선 홍콩에서 독일 비욘 대표 페르난도를 만나는 일은 반갑기도 하고 신기했다. 그는 30대 중반의 젊고 열정이 넘치는 훈남 대표였고, 함께 일하는 파트너 쟈스민은 독일 내 유명 코스메틱 회사 '클랍'에서 아주 유능한 교육 강사로 화려한 경력을 지니고 있었다.

그래서였을까? 그들이 만든 제품을 테스트해보았을 때, 제품의 퀄리티가 아주 뛰어났고, 브랜드 이미지, 스토리, 로고, 케이스 디자인도 아주 세련되고 예뻐서 나는 비욘 제품에 반하지 않을 수 없었다. 비욘은 독일 내에서도 디자인상을 수상할 만큼 감각적인 제품임이 틀림없었다.

비욘의 전 제품 라인은 60가지 정도였는데, 소량 생산하는 작은 기업이기에 높은 수입 원가와 물류비, 운송비가 걱정되긴 했다. 하지만 나는 자신이 있었다. 비욘을 한국에서 하이엔드* 브

---

*하이엔드 (High-end)
비슷한 기능을 가진 기종 중에서 기능이 가장 우수한 제품

랜드로 자리잡아 나가게 할 수 있을 것 같았다.

나는 페르난도와 구두계약을 하고 그들의 요구에 따라 그 해 2014년 11월 16일, 리츠칼튼 호텔에서 론칭쇼를 진행하게 되었다. 론칭 전날, 페르난도와 정식 계약서를 작성하고서야 난 독점 권리(Exclusive)를 내 손에 쥘 수 있었다. 세상을 다 가진 것처럼 너무 기뻤다. 그러나 그 기분도 잠시….

론칭을 준비하는 과정에서 론칭쇼에 초대해야 할 숍 원장님들(에스테티션), 영업 지사장님들을 어떻게 모실지가 고민되었다. 어느 정도 실무자들이 모여야 진행할 수 있는 부분이었기 때문이다. 론칭 날짜를 정하고 전국에 계시는 내가 알고 지내던 지사장님들을 찾아가 신생 브랜드 비욘을 소개하고 함께 잘 만들어나가길 부탁드렸다. 그런데 생각보다 반응은 냉정했다.

제품은 둘째치고 일단 나를 믿지 못하는 눈치였다. 경력 단절의 시간도 길었고, 갑자기 나타나서 브랜드를 해보겠다고 도와달라 하니 내가 보기에도 듬직하진 않았을 것 같았다.

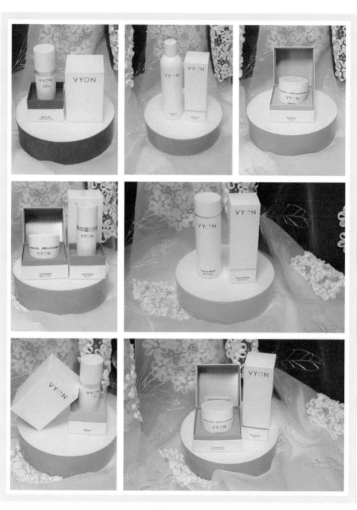

VYON Display

그러나 나는 포기하지 않고 서울에서 활동하는 동갑의 여자 지사장님에게 간절히 부탁해 타 지역의 지사장님들을 소개받았다. 그렇게 해서, 론칭 당일엔 100여 명이 넘은 뷰티 관계자분들이 참석하게 되었다. 론칭 전날까지 SNS(블로그, 카카오스토리, 카카오톡 옐로우 아이디 등)로 론칭 소식을 알리고, 거래처에 전화해가며 홍보한 우리 직원들이 함께 열심히 뛴 결과이기도 했다.

100여 명이 모인 화려한 무대에 올라 브랜드를 소개하고, 참석하신 분들과 인사를 나누며 Demonstration(사용법에 대한 시범 설명)을 선보였을 때, 신기한 눈빛으로 모두들 무대를 집중하는 눈치였다. 에스테틱 화장품은 고객이 숍으로 들어와 케어를 받을 때 사용하는 안전한 필링 프로그램이 중요하기 때문에 좋은 성분, 제품을 초이스해야 하는 에스테티션들에겐 굿 뉴스이기도 했다. 그리고 오랜만에 한국에 수입되는 독일 브랜드였기 때문에 호기심과 만족감을 동시에 충족시킬 수 있는 듯했다.

54

'유러피안 스킨 피트니스' 브랜드 '비욘'으로 홍보를 시작했고, 60여 가지의 제품들을 클렌징/필앤화이트/레독스/셀가드/리파이닝/센스티브/스페셜 케어로 분류해 '맞춤형 피부 케어'를 선보였다. 그동안 준비했던 론칭쇼를 4시간에 걸쳐 무사히 마치고, 직원들에게 행사 마무리를 부탁한 후, 오늘의 행사에 정신적·물질적으로 가장 많은 도움을 준 남편, 그리고 독일 파트너들과 함께 저녁을 먹으며 그날의 수고를 기록할 수 있었다.

　그날은 내 인생의 행복했던 순간의 한 페이지로 기억된다.

에스테틱 잡지에 비욘 제품을 소개하는 인터뷰 사진

　독일 화장품 비욘은 독일에서도 신생 브랜드라 영어로 된 아주 간략한 브로슈어 외에는 제품 스토리나 성분에 관한 자료가 하나도 없었다. 나는 임 팀장과 카탈로그부터 에스테틱에 들어가는 모든 소품(쇼핑백, 헤어 터번, 핸드 타올, 대타올, 소타올, 가운, 유니폼, 에코백, 맨투맨티, 디자인 소품, POP 등)을 직접 하나하나 디자인해 제작하고, 하이엔드 브랜드로 자리잡기 위해 정말 많은 열정을 쏟

메리어트 호텔 수 스파

CEO 이수진의 **뷰티 라이프 스타일을 판다**

았다. 그 노력으로 여의도 메리어트 호텔 수 스파(Soo Spa)에 진열하게 되었고, 관리 프로그램에도 꾸준히 사용하게 되었다.

그러나 뜻하지 않게 독일 본사의 경영 부진으로 3년 만에 더 이상 비욘이라는 브랜드를 수입할 수 없게 되었다. 투자했던 노력과 시간에 비해 너무나 허무하게도 비욘을 포기해야만 했다. 가슴이 무너져 내렸고, 이 사실을 받아들이기가 어려울 만큼 충격적이었다.

독자분들 중 수입 브랜드를 준비하시는 분이 계시다면, 본사 재무 상태, 탄생 스토리 본사 대표의 비즈니스 마인드, 커리어까지 철저히 검토하신 후에 시작하길 바란다.

이런 경험을 통해 나 자신이 너무나 어설펐고 많은 부분에서 부족했음을 뼈저리게 반성하게 되었다. 빨리 브랜드를 가지고 오고 싶은 마음 하나로 모든 게 성급했던 것이다. 정말 비싼 돈 주고 공부했다. 그래서 난 두 번의 실패를 경험하지 않기 위해 매일 시간 나는 대로 꾸준히 책을 읽으며 공부하고 있다. 성공한 사업가들을 바라보며 끊임없는 공부만이 살 길이라는 것을 느꼈기 때문이다.

화장품 수입

화장품 수입 계약을 체결하고자 하면 사전에 실제 제조하는 제조사에서 세 가지 서류(제조 증명서, 판매 증명서, BSE 증명서)가 발급 가능한지 확인(발급 불가능할 경우 수입이 불가능)한다.

화장품 수입 절차

1. 화장품 책임판매업 등록 : 화장품을 수입해 판매(유통)하는 곳에서 등록한다.

2. 수출자 혹은 제조자에게 받아야 하는 서류(이때, 배합 한도 초과나, 금지 성분이 있는 경우에는 수입이 안 된다)

   1) 제조 증명서 : 제품의 성분명 함량 규격 등이 기재되고 제조사의 책임자가 사인하고 공증(Notary Public)을 확인받아야 함. 국가기관, 상공회의소, 관련 협회(화장품 협회)에서 확인한다.

   2) 판매 증명서(CFS) : 제조국에서 문제없이 자유롭게 팔리고 있다는 것을 증명하는 서류로, 국가기관, 상공회의소, 관련 협회(화장품 협회)에서 발급받는다.

   3) BSE Free Certification : BSE 관련 성분을 사용하지 않았다는 미사용 증명서로, 제조사 책임자가 사인하고 공증(Notary Public)을 확인받아야 한다. 국가기관, 상공회의소, 관련 협회(화장품 협회)에서 확인한다(BSE 미감염 증명서는 BSE 감염되지 않은 동

물에서 사용했다는 증명서. 국가기관에서 발급된 것만 허용).

3. 서류가 준비되면, 제품을 주문한다(준비된 서류로 주문 전에 표준
통관 예정보고서를 신고해 원료의 성분 및 서류의 이상 없음을 확인하고
주문하는 것이 좋다).

4. 인보이스를 받아 송금하고 운송 일정을 협의하고 포워딩에게
운송하도록 한다(화장품의 경우 대부분 EX 조건으로 수입한다).

5. 표준 통관 예정 보고서를 작성한다.
해당 품목이 최초 수입인 경우, 의약품수출입협회에 판매 증명
서, BSE 증명서, 제조 증명서를 제출한다.

6. 수입 통관 후, 제품을 수령한다(통관은 자가 통관해도 되고, 관세사
를 통해 진행해도 된다).

화장품 수입 후 사후 절차

1. 통관해서 수령한 제품을 제조 번호(LOT 번호)별로 품질 검사(시
험)를 한다. 간혹 같은 제품이라도 제조 번호(LOT 번호)가 다른
제품이 수입되면 각각 품질 검사를 받아야 하니 수출자에게 사
전에 같은 제조 번호(LOT 번호)의 제품을 요구하자.
일반 화장품 : 내용량, pH 각종 중금속 시험. 화장품 종류에 따
라 시험 항목이 상이하다.
기능성 화장품 : 일반 화장품과 동일하나 기능성 원료에 대한
배합량 시험이 추가된다.

2. 시험 결과가 적합하다고 나온 경우, 국문 라벨을 부착해 제품

판매가 가능하다.

적합 판정을 받은 경우는 해당 시험 성적서를 보관해야 하며, 부적합 판정받을 경우, 해당 제조번호(LOT 번호)는 판매 금지된다. 전량 쉽백(ship back)하거나, 폐기물 업체에 위탁해 폐기되었다는 증빙자료를 보관해야 한다.

3. 수입 관리 기록서, 품질 관리 기록서를 작성해서 비치 보관한다(화장품 책임판매업자의 준수사항).

* 수입 관리 기록서 상세항목
1) 제품명
2) 원료성분의 규격 및 함량
3) 제조국, 제조회사명 및 소재지
4) 기능성 화장품 등 심사 결과 통지서
5) 제조 및 판매 증명서
6) 한글로 작성된 제품 설명서 견본
7) 최초 수입 연월일(통관 연월일)
8) 제조번호별 수입(통관) 연월일 및 수입량
9) 제조번호별 품질검사 연월일 및 결과
10) 판매처, 판매 연월일 및 판매

화장품 수출 절차

1. 수출 계약 단계 : 거래 조건 협의와 계약 등
2. 상표 등록 및 제품 허가 신청 : 상표 예비심사, 위생 허가증이나 등록증을 취득한다.
3. 통관 서류를 준비한다.
4. 포워딩 업체를 선정하고 포워더를 통해 선적 스케줄 확정 수출신고필증 발급을 받는다.
5. 관세사를 통한 수출 신고한다.
6. 선적 수출한다

화장품 수출 시 필요한 서류

1. 상업 송장(Commercial Invoice)
2. 포장 명세서(Packing List)
3. 선하 증권(BL: Bill of Landing 또는 항공화물 운송장(Airway Bill)
4. 보험 증명서(Insurance Certificate)
5. L/C 건인 경우, 신용장(Letter of credit)
6. 원산지 증명서(Certificate of Origin)
7. 제품 성분표, 제조 공정도 등
8. 국가별 규정에 따라 추가로 요구하는 서류 등

화장품은 수많은 화학 성분으로 이뤄져 있어 이를 규제하는 기준은 국가별로 다른 탓에 각각 기준에 맞춰 준비해야 하고 등록 절차와 증명 방식도 국가별로 상이하다. 국가별로 기준과 절차가 다른 만큼 수출하려는 국가에 맞는 인허가 절차 진행이 필요하다.

예를 들면, 미국 인허가 절차는 FDA 신고→제품 등록 접수→심사→허가증 제작→등록/허가증 발급 순으로 이뤄지고, 중국의 인허가 절차는 CFDA 인터넷 신고→시험 검사→CFDA 허가 접수→CFDA 기술 심사→허가증 제작→등록/허가증 발급 순으로 이뤄진다.

62

2장.

프라이머 > 썬크림 > 넥크림 > 비비크림 > 쿠션

비즈니스 인맥 형성은
SNS로 시작해볼까?
페이스북 마케팅(Facebook Marketing)

나는 주변인들에게 비즈니스 인맥을 넓히는 데 SNS만 한 것
이 없다고 말한다.

2019년부터 강원창조경제혁신센터에서 창업 도약 프로그램 컨설팅, 강의, 심사를 맡게 되었다. 강원 지역의 패션, 뷰티, 액세서리 업에 종사하는 소상공인들에게 스마트 스토어 운영과 SNS 마케팅에 대해 코칭·컨설팅을 해주는 업무다.

이 일은 내게 투잡이 되었다. 예전 페이스북을 통해 알게 된 마케팅 회사의 장 실장님이 컨설팅 업무 강사로 나를 추천해준 것이었다. 난 그녀와 종종 연락하며 지내고 있었다.

"대표님, 잘 지내시죠?"

"네, 실장님 반가워요."

"이번 창조경제 스마트 스토어 강사로 대표님 추천하려는데, 아직 스마트 스토어 운영하고 계시죠?

"네, 그럼요. 매출도 점점 나아지고 있어요. 강사로 추천해주시면 제가 열심히 해볼께요."

내가 담당하게 된 업체의 대표님들 중에는 신혼부부, 학생, 직장인 투잡, 가정을 책임지고 살아가는 워킹맘이거나 싱글맘들도 많았다. 그들은 생계를 위해 본인들의 비즈니스가 꼭 성공해야 하므로 누구보다도 간절한 마음으로 컨설팅 시간을 함께했다.

나와 상담한 지 1시간도 채 되지 않은 짧은 시간, 그들은 내게 비즈니스를 키우기 위한 마케팅 방법에 대한 어려움을 호소했고, 경력 단절로 인한 사회적 인맥 형성에도 어려움을 느끼고 있다고 이야기했다.

난 그녀들의 눈을 마주 보며 모바일 마케팅 캠버스 대표인 임헌수 대표가 강조하는 온라인 마케팅을 위한 필수 마케팅인 FBI(facebook, Blog, Instargram) 마케팅의 필요성을 설명하고, 알려주기 시작했다.

내가 7년의 경력 단절을 이겨내고 다시 사회에 나왔을 때다. 전화번호부에 있는 사회 인맥이라고는 50명 조금 넘는 전 회사 직원들과 거래처분들이 전부였다. 7년이란 시간 동안 많이 낯설어진 이름과 연락처로만 보였다. 일일이 찾아다니며 다시 복귀했다고 인사하기에도 자신감이 턱없이 부족했다. 워킹우먼의 이미지를 만들기 위해 옷, 헤어, 패션 스타일을 바꿔보았지만, 뭔가 전문적인 이미지가 쉽게 나타나지 않았다. 그것은 외모가 아니라 내면의 강단(아우라)에서 우러나온다는 것을 나중에서야 알게 되었다.

그 당시, 사회 선배님 한 분께서 내게 "이 대표, SNS 마케팅 시작했던데, 비즈니스를 하려면 페이스북은 필수니까 빨리 시작해봐"라고 하셨다. 집으로 돌아와 페이스북 앱을 깔고, 계정 가입부터 프로필 사진, 내용을 하나하나 기록하면서 개인 계정을 만들었다.

처음엔 어떻게 시작할지 몰라 자동으로 등록된 지인들의 페이스북 게시물을 눈으로 보기만 했다. 그러다 용기 내어 게시물을 포스팅하기 시작했다. 포스팅을 올리자 지인들은 내게 '좋아요'를 눌러주기 시작했고, 지인의 지인들이 내게 친구 신청을 했다. 그때부터 사진을 올리며 글을 적기 시작했고 페친들의 포스팅에 좋아요, 댓글들을 달며 내 생각을 공유하고 소통하기 시작했다. 제품 홍보 동영상, 슬라이드쇼, 라이브 방송 등 비즈니스를 하다 일

CEO 이수진의 페이스북 프로필

어난 일상들을 매일 서너 개씩 포스팅하며 지금까지 매일 소통하고 있다.

페이스북에는 나처럼 그런 일상을 함께 공유하는 부지런하고 훌륭한 분들이 참 많았다. 그들의 일상을 통해 생활 패턴에 자극받고 비즈니스 도움을 받기도 하며 좋은 정보를 얻기도 한다.

페이스북 친구는 5,000명까지 신청할 수 있다. 나는 현재 1,500명 정도의 페이스북 친구들과 소통하고 있다. 페이스북은 페이지를 통해 팬을 확보할 수 있고, 그룹을 통해 관계를 형성할 수 있다. 요즘은 페이스북을 이용해 쇼핑몰을 만들고 제품 홍보도 한다.

나는 매일 페이스북을 통해 페친들과 희로애락을 함께 나눈다. 힘들 때 응원해주고, 기쁠 때 함께 즐거워해주고, 생일에 축하주는 페친들 덕분에 자신감을 갖고 하루를 힘차게 시작할 때가 많다.

어릴 적, 아나운서가 꿈이었던 나는 9시 뉴스의 롤모델이었던 신동진 아나운서님과 페친이 되어 소통을 하게 되었고, 에세이 《어머니 – 그토록 오래고 그토록 아름다운 이름》을 읽고 그의 인생을 엿볼 수 있었다.

또한, 주부의 삶으로 살아갈 때, 큰아이가 학원에 가 있는 시간 동네 서점에서 읽었던 책 중 《이부진 스타일》,《삼성가 여자들》의 저자 김종원 작가를 《사색이 자본이다》의 신간 발표회에서 만나 뵙고 블로그에 소감를 남겼는데, 그것이 인연이 되어 위브 씨앤씨 워크숍 초청 강사로도 모시기도 했다.

《더 퍼스트 인테리어 쇼핑》의 저자이자 미모의 인테리어 디자이너 꾸밈by의 조희선 대표도 군 입대 중인 아들의 화장품 구매가 인연이 되어 차 한잔 나누며 인사를 나누었고, 요리연구가 이보은 님도 아침 5시 기상시간에 함께 인사하는 멤버이자 좋아하는 팬이기도 하다. 그 외에도 방송패널에 출연 중이신 미모의 병원장님들께서 페이스북 메시지를 통해 먼저 연락을 주셔서 페이스모아 마스크를 레이저 시술 후 처방으로 사용하시고 거래를 하고 있기도 하다.

해외에서 뷰티 비즈니스를 하고 계신 60대 여성 대표님이 한국에 방문하셔서 필자를 만나 보고 "두 아들을 키우며 워킹맘으로 일하는 모습이 젊었을 때 본인의 모습과 닮았다"고 응원해주시며, 미국으로 내가 취급하는 화장품들을 수입해가시기도 했다.

페이스북에는 강력한 인공지능 마케팅 시스템이 있다.
페이스북은 단순히 SNS로서의 기능에 머무는 것이 아니라
비즈니스를 위한 BNS (BUSINESS NETWORK SYSTEM) 체계를
구축해나가고 있다. 페이스북은 소상공인들에게
최적화된 마케팅 툴이다.
– 《4주의 기적 페이스북 마케팅》, 이종근 지음

그리고 페이스북을 통해 패션 잡지의 인터뷰의 기회를 얻기도 했다.

'Fashionbiz' 창간 31주년을 빛내줄 미녀 8총사!
한국 패션 산업의 미를 전파해나갈 총 8분을 모셨습니다.
박미정 교수님, 신영금 대표님, 송경옥 대표님,
홍규리 대표님, 김주미 대표님, 최이정 대표님,
김애리 대표님, 그리고 이수진 대표님.
비 오는 날에도 프로페셔널한 포즈로
스튜디오를 달군 그녀들에게 박수를 보내줍니다.

K- 뷰티를 빛내고 있는 멋진 CEO들

국내 최고의 패션전문잡지 〈Fashionbiz〉의 이정민 이사님께서 내게 연락을 주셨다. 얼굴 한 번 뵙지 못했지만, 페이스북을 통해 아침마다 먼저 인사를 건넸던 분이셨다.

나는 이사님보다야 늦게 일어나지만, 매일 새벽 6시 이전에 기상해서 책을 보는 습관이 있었기에 소통을 자주 할 수 있었다. 이사님은 코스메틱, 메이크업 특집기사를 준비 중인데, 그중 1면에 나를 인터뷰하고 싶다는 메시지를 주셨다. 내 경력, 프로필, 위브씨앤씨 회사 자료를 넘겼다.

2018년 3월 15일, 난 다른 일곱 명의 대표님들과 인터뷰를 하기 위해 청담동의 모 스튜디오에서 모여 인터뷰를 진행했다. 다들 미모는 기본, 일에 대한 열정과 프로의식이 너무 보기 좋았다. 우리는 촬영을 마치고, 간단히 점심 식사와 티타임 후 헤어졌다. 그 후로도 2년이란 세월이 지났지만, 단톡방에서 지금까지도 좋은 정보를 소통하고 오프라인에서 만나기도 하며 응원해주는 사이가 되었다. 현재 이정민 이사님은 저널리스트로 활동하시면서 '사만다(사람을 만나다)'라는 유튜브를 통해 패션, 뷰티, 핫플레이스, 컬처, 아티스트, CEO들을 인터뷰해서 알리는 채널을 운영 중이다.

열정 가득한 멋진 여인들, 그대들을 응원합니다.

내가 일하고 있는 에스테틱 업계 원장님들은 대부분 숍 대표다. 페이스북 페이지를 만들어 페친들에게 숍을 홍보할 수 있다. 대표 원장님 자신을 브랜딩하고 숍 주변 인맥을 넓히기에도 페이스북은 도움이 된다. 다른 직업들을 가지고 있는 다양한 연령대의 각국의 세계인들을 만날 수 있고 직접 해외에 나가지 않았지만, 해외 수출도 할 수 있다. 페이스북에 나와 관심사가 많은 페친들을 그룹으로 엮어 소통하고 비즈니스도 할 수 있다.

USP(Unique Selling Proposition)는 '당신만의 독창적인 가치'라는 뜻의 마케팅 용어다. 내가 가진 기술이나 내가 이뤄낸 경력들, 그리고 같은 일을 하는 대표님들과 협업도 함께해보면서 나를 브랜딩할 수 있다. 휴대전화를 들고 일상을 살아가는 우리는 페이스북 유저들을 통해 마케팅의 힘을 받을 수 있다.

좋아요 / 댓글 / 공감으로 마케팅이 시작됩니다.

좋아요 / 댓글 / 공감으로 한 가정이 일어섭니다

좋아요 / 댓글 / 공감으로 한 사업자가 일어섭니다.

좋아요 / 댓글 / 공감으로 응원가를 불러줍니다.

– 페마스쿨 이종근

내가 매일 소통하는 페이스북 하루 루틴

– 기상해서 좋은 글이나 사진으로 모닝 인사를 한다.
– 비니지스 미팅 후 상대방의 동의하에 함께 인증 사진으로 남긴다.
– 페친들의 일상에 공감과 댓글로 소통한다.
– 내가 취급하는 화장품 이미지, 홍보 동영상을 알린다(브랜드 인식에 도움이 되고 마음에 드는 제품에 대해서는 스마트 스토어에서 바로 판매로 연결된다).
– 두 아들과의 일상과 운동, 맛집, 책 추천 등을 공유한다.
–비즈니스를 하다가 드는 내 생각들을 소신껏 기록한다.

페이스북 소통에도 주의사항이 있다. 열심히 일하는 이들에게 쓸데없이 메시지를 보내 이성적으로 만나보고 싶다거나 하는 사람들이 있다. 댓글 몇 번으로 친해진 줄 착각하며 돈을 빌려달라는 사기꾼도 있다. 그리고 유명하신 분들의 페친이라는 이름으로 오프에서 친하다고 인맥 과시하는 분들도 있다. 이런 분들만 조심한다면 아무 문제는 생기지 않을 것이다. 페이스북을 통해 사람 보는 눈도 성장할 것이다.

그리고 온라인상 모든 제품 거래는 선입금이 원칙이다. 또한, 제품의 배송 기준만 잘 지켜진다면, 더 야무진 비즈니스를 하게 될 것이다.

몇 년 전 일이다. 강원도에서 비욘 지사장을 하고 계시는 사장님으로부터 전화 한 통이 왔다.

"대표님 별일 없으시죠? 그냥 안부 차 연락했어요."

"아, 네. 사장님 식사하셨어요? 저희는 지금 점심 먹는 중이에요. 별일 없으신 거죠? 영업은 잘되시고요?"

"네네. 잘되고 있어요. 그냥 생각나서 연락드려본 거예요. 건강히 잘 계시라고요."

이렇게 끊긴 휴대전화를 바라보며 나는 고개를 갸우뚱거렸다. 뭔가 느낌이 이상했다. 함께 식사하고 있던 남편에게 "강원도 지사장님이신데, 다른 때랑 전화하는 게 다르시네. 무슨 일 있으시나?"라고 이야기했다.

그리고 며칠 후, 그 사장님은 연락이 두절되었고, 그 달에 가져간 제품값 800만 원 이상을 우리는 끝내 받지 못했다. 거래처가 100여 군데 이상이다 보니 대기업이 아닌 이상 제품 미수가 많아지면, 회사 운영에 영향을 줄 수밖에 없다. 그 달의 여파로 3개월 이상 힘들었다.

에스테틱 오프 영업은 한 달 뒤 말일 결제가 많다. 이건 오랜 시간 동안 전해 내려오는 유통 방식이었다. 그러나 온라인은 선결제이기에 편리하고 깔끔하다.

미수 금액이 내 비즈니스를 방해할 수 있으므로 나는 오프 거래처분들에게 양해를 구해서 될 수 있는 한 선결제로 받는다. 사업에서 제일 중요한 부분 중 하나가 운영 자금이기 때문이다.

우리 네 자매 중 셋째가 해외에 살고 있는데, 이민을 갔던 8년 전에는 카카오톡 같은 통신망이 없어 국제전화나 페이스북으로 소통해야만 했다. 그래서 얼떨결에 우리 네 자매는 모두 페이스북 계정을 만들 수밖에 없었다.

그 후, 의사, 변호사, 작가, 각 기업의 대표들, 회사원들, 주부

들까지 다양한 직업을 가지신 분들의 일상과 정보를 온라인상으로 알게 되었고, 간혹 몇몇 분들은 비즈니스로 오프에서도 만날 수 있었다.

5년째 인연을 맺고 있는 딥인 아카데미 김영아 대표는 친동생들보다 더 자주 만나고 연락하고 있다. 그녀는 중국CS 이미지 컨설팅을 하는 대한민국 대표 원장이기도 하다.

우리는 페이스북 포스팅에서 공통된 주제나 공감되는 정보들을 좋아요와 댓글로 주고받다가 만나게 된 인연이다. 또 40대 워킹우먼으로서의 사회생활의 어려움을 소통하고, 딥인 아카데미 스킨케어 강사로도 몇 번의 도움을 주는 협업 관계도 되었다. 그러다 보니 그들의 지인들도 자연스레 소개받고 좋은 인연으로 만나기도 했다.

오프라인에서 뵌 분 중, 피부과 원장님들은 내가 홍보하는 제품들을 지켜보시다가 페이스북 메시지를 주셔서 병원에서 시술 후 관리 프로그램으로 사용하거나 홈케어로 처방·판매하시기도 했다. 몇 군데는 유명 연예인들이 다니는 병원이라 에스테틱 쪽 영업이나 개인 고객님들에게 홍보하기에 너무 좋은 거래처였다.

또한, 페이스북 메시지를 통해 가정의학과 박민수 원장님으로부터 여러 분야의 전문 강사분들이 모인 독서 모임을 소개받아 시간에 맞춰 다니기도 했다.

독서 모임을 주최하시는 대표님이 매달 도서를 선정해 공지하면, 독서 멤버들은 책을 읽고 와서 자신들의 의견을 자유로이 토론하는 자리였다. 새로운 각도와 시야로 책을 읽고 토론하는 자리가 내겐 너무 흥미로웠다. 배움에 목말라 있던 내게는 '호기심 천국' 같은 곳이었다.

그분들 덕에 시간만 나면 가까운 서점에 들러 책을 구입해서 읽고 공부하는 취미가 생겼다. 내가 좋아하는 에세이나 자기계발 분야의 책 외에 심리학, 경영, 경제학, 재테크, 철학 등 다양한 분야의 책들을 접할 수 있었다.

주말이면 재호와 여유시간을 보내러 집 근처 북카페나 서점에 자주 다닌다.

페이스북은 사업을 하고 있는 분들에겐 정말 추천할 만한 공간이다. 이왕이면 페이스북 친구를 사귀고 교감하며 내가 하는 일이나 생각을 공유하자. 나와 어울리는 페친들과의 일상도 만들어보자.

매일 꾸준히 성실하게 기록해나간다면 소상공인들에게는 마케팅 비용을 크게 쓰지 않고 스스로를 브랜딩할 수 있는 공간이 될 수 있다. 바쁜 하루 중, 잠깐의 시간을 투자해서 지금 당장 시작해보는 것은 어떨까?

온라인 일기장으로
활용하는 블로그 마케팅
(Blog Marketing)

얼마 전, 연기파 배우 메릴 스트립과 에이미 애덤스 주연의
〈줄리 앤 줄리아〉라는 영화를 보았다. 이 영화는 실화를 바탕으
로 두 여자의 요리 레시피북을 출간하는 과정을 통해 그녀들의
삶과 사고, 행동력을 담아냈다.

에이미가 365일 동안 블로그를 작성하면서, 그것으로 출판
의 기회를 얻어 책을 출간하게 되는 과정이 매력적이고 인상 깊
었다.

CEO 이수진의 블로그 메인화면

"블로그는 내가 매달 붓는 적금통장 같아요. 하나하나씩 쌓여 어느 순간 해시태그 단어들의 검색어에 잡히고 마케팅을 크게 투자하지 못하는 소상공인들에게는 자신을 어필하는 퍼스널 브랜딩이자 지난 세월의 흔적이 일기처럼 기록으로 남더군요."

몇 년째 꾸준히 거래해오고 있는 거래처 원장님의 말씀이다.

내가 거래하는 에스테틱숍들은 1인숍이 많다. 그래서 모든 영업, 고객 관리, CS, 세일즈 마케팅, 재무까지 혼자 감당해야 한다. 대체로 생계 유지형 일을 하시는 분들이 많아 자신의 숍을 적극적으로 홍보하는 데 많은 돈을 투자할 수 없었다.

나 역시 생계형 사업이라 직원들이 그만두었을 때 다른 업무와 달리 인수인계가 힘든 걸 알고 모든 업무를 스스로 배우기 시작했다. 부지런해야 하고 홍보하기 위해 SNS 소재도 매일 새롭게 찾아야 했다.

또한, 다양한 사람들을 자주 만나야 했기에 음식, 미팅 장소, 만나는 사람, 그리고 업무 관련, 영화, 책 등 내가 살아가는 흔적들을 남기기 위해 일일이 사진으로 먼저 저장했다.

그리고 이동 중이나 잠시 대기 중인 시간 또는 기상 시간, 취침 시간 전에 꾸준히 하루에 두 개 이상의 포스팅을 남겼다.

블로그를 하면서 내 포스팅 글을 읽고 피부 상담을 하시는 고객님, 레이저 잘하는 피부과나 성형수술 잘하는 성형외과 원장님을 추천해달라는 분들, 지방 출장 다닐 때는 맛집을 포스팅하면 본인도 덕분에 잘 다녀왔다고 쪽지를 남겨주시는 분, 열심히 살아가는 모습에 나를 만나고 싶다고 회사를 방문해준 대학생분들, 무엇보다 화장품 유통 판매를 하는 내게 지난 포스팅을 보고 제품 문의나 구매를 하는 B2B가 생겼다는 거다.

그래서 난 SNS에 내 콘텐츠를 더 알려야겠다 싶어 3050의 주부들이 많이 하는 카카오스토리, 비즈니스를 하시는 사장님이나 다른 업종의 전문직들이 많이 하시는 페이스북, 20~40대들이 해시태그를 통해 많이 찾는 인스타그램을 더 열심히 하게 되었다. 사업하는 동안 SNS를 통해 새롭게 만난 분들도 100여 명이 넘는다.

경력 단절의 시간을 보내고 사회로 다시 나왔을 때, 가장 큰 변화는 온라인 유통이 오프라인 유통만큼이나 성장하고 있다는 것이었다. 하루가 다르게 빠르게 변화하고 있었다. 쇼핑몰, 오픈마켓의 판매가 활발해지는 동시에 제품회사에서는 기존 온·오프라인 유통 외에 뷰티 블로거들을 대상으로 인플루언서 마케팅을 준비해야 했다.

우리 회사도 직원들과 아이디어 회의를 통해 어떻게 대처해야할지 의견을 모으기 시작했다. 먼저, '퍼스널 브랜딩을 통해 나 이수진을 알려보자'라고 결정한 뒤, 내 블로그부터 만들기 시작했다. 그 당시 비욘으로 글로벌 비즈니스를 꿈꾸었던 시기이기에 'CEO 이수진'으로 블로그 네이밍을 정했다.

어제 하루 생각보다 무지 무더운 날씨에 #플리마켓
행사는 조금 체력적으로 힘들었어요.

SELLER
페이스모아
금만공원
자투리마켓

자리배정을 추첨해서 뽑았는데
이동동선이 조금 먼 곳에 배치되어서
많은 분들을 만나기엔 아쉬운 자리였답니다.
그래도 어쩌겠어요~

자투리 마켓에 페이스모아로 부스 참석해서 찍은 인증 사진

블로그의 카테고리를 문화 콘텐츠, 요리, 마음 공부, 마케팅 정보 등으로 나누어 콘텐츠에 맞는 글과 사진, 동영상들을 올리기 시작했다. 그리고 시간 날 때마다 스마트폰으로 이웃 블로그들도 찾아가서 좋아요, 댓글을 달며 소통하기도 했다.

작년 여름에는 집 근처 김포 근린공원에서 처음으로 열린 자투리마켓이라는 플리마켓에 참여할 기회가 생겼다. 플리마켓의 특성을 경험해보고 싶어서 신청하게 되었다. 플리마켓 시작 1~2

일 전, 내 블로그에 자투리마켓 참여에 관한 내용을 미리 홍보했더니 내 글을 읽고 부스로 찾아와 제품을 구매하며 반갑다고 인사를 나누고 음료수를 전해주시는 분도 계셨다.

예전처럼 매일 포스팅은 힘들지만, 지금도 주 2~3회 틈틈이 스마트폰을 이용해 블로그 포스팅을 하고 있다. 스마트폰 하나로 가능한 삶을 살아가는 인디펜던트 워커의 삶이다.

블로그 포스팅만으로 제품이 팔린다고?

몇 주 전, 한 제품의 이벤트 소식을 블로그에 포스팅했다. 앰플 100mL를 구매하면, 30mL의 제품을 증정한다는 내용이었다. 토요일 아침 이 글을 쓰고 있는 동안 쪽지를 통해 한 구독자로부터 이벤트 문의가 와서 답변했다. 구독자와 몇 번의 전화 상담과 문자가 오간 뒤, 제품이 판매되었다. 회사에 있는 시간이 아닌데도 불구하고 블로그를 통해 32만 원의 매출이 순식간에 일어난 것이다.

작년 어버이날 2주 전쯤이었다. 제휴해서 판매하는 제품 중 이브자리에서 수입하는 일본제품 로프티 기능성 베개가 특별 이벤트가로 나왔다. 99,000원에 5분할 기능성 베개+베개 커버+파이프칩까지 패키지로 나와 선물용으로 잘 만들어져 있어 내 블로그를 지켜보던 지방에 사시는 고객 한 분이 연락 와 열 개를 구매하기도 했다. 사업하는 8년 동안 블로그를 통한 매출로 가끔은 쏠쏠히 재미를 보기도 했다. 사업 초기엔 내 제품이 없었으므로 타사 마스크 팩 단품만으로 월 1,000만 원 이상의 매출을 올리기도 했다. 나는 아직 공구에 도전해보지 못했다. 하지만 하루 5,000명 이상이 SNS를 통해 내 소식을 받고 있다. 어느 정도 내 비즈니스에 시간적 여유가 생긴다면 이루지 못했던 쇼핑 호스트의 꿈을 생각하면서 생활용품, 식품, 주방용품, 패션의류 등의 공구에 도전해보고 싶다.

86

내 블로그는 주로 제품을 소개하는 내용이 많다. 일반적으로 뷰티 공구는 뷰티 블로거들에게 쪽지를 보내 체험단을 모집하고 제품을 전달해서 사용해본 후, 리얼한 후기를 포스팅하게 한다. 뷰티 블로거가 원하면 2~3일 정도의 시간을 정한 뒤, 단독 공구 진행을 하기도 한다.

'화장품 회사에 근무해보지도 않았고, 제품 내용을 전문가처럼 많이 알지 못하는데, 저 블로거분들이 과연 화장품을 잘 판매할 수 있을까?' 했는데 결과는 너무도 뜻밖이었다.

뷰티 블로거들은 블로그에 통신판매업을 신고하고 여러 회사에서 협찬받은 제품들을 사용한 후, 솔직한 리뷰를 바탕으로 신뢰를 얻고 본사들과 협의해 제품들을 적절한 가격에 공구하면서 엄청난 수익을 올리고 있었다.

그리고 화장품 회사가 판매하는 방식이 아닌, 자신만의 개성 넘치는 동영상이나 사진들을 포스팅했다. 제품 특성, 고객 입장에서 공감대를 얻을 만한 내용을 공부하며 엄청난 노력을 하는 모습들이 보였다. 인플루언서 마케팅의 강점이었다.

요즘은 인스타 셀러가 라이브 방송이나 틱톡, 스토리로 그런 역할들을 하는데, 결국 잘나가고 오래 판매했던 친구들은 이미 블로그를 시작했고, 인스타, 유튜버로 채널을 확장하는 경우가 많았다.

인스타 셀러, 뷰티 블로거, 뷰티유튜버⋯. 이들은 여러 채널에 자신을 어필하며 퍼스널 브랜딩을 하는 멋진 분들이었다. 블로그는 네이버 블로그, 티스토리 블로그, 워드프레스 블로그의 세 가지 채널이 있으니 장단점을 잘 따져 자신에게 맞는 플랫폼을 활용하면 좋다.

결국 SNS 마케팅에서 블로그는 가장 기본이 되는 플랫폼이다.

에스테틱숍을 운영하면서 블로그로
도움을 받을 수 있을까?

숍 원장님들이 가진 테크닉이나 관리 프로그램으로 숍 홍보를 전문적으로 할 수 있다.

여드름 전문 관리, 윤곽 관리, 바스트 상체라인 관리 등 숍에서 사용하고 있는 제품들을 블로그에 소개하고 활용법 등도 자세히 설명할 수 있고, 관리할 때 나의 숍에서만 사용할 수 있는 것을 어필해 티켓팅 유도나 홈케어 처방을 자연스럽게 연결시킬 수 있다.

산소테라피 관리 시 2차팩 단계에 페이스모아 마스크팩을 사용했더니 미백·진정 효과에 도움이 되었다. 이런 부분을 사진이나 영상으로 리얼하게 표현할 수 있다.

PC만이 아닌 모바일에서도 손쉽게 작성할 수 있어 숍이나 사무실이 아닌 다른 외부 장소에서도 쪽지나 댓글을 통해 고객과의 소통이 용이하다.

네이버 페이는 블로그에 연동되어 관리 프로그램을 설명하고 티켓팅 가격, 내 숍 고객들을 위한 이달의 이벤트 등을 홍보하기 좋은 플랫폼이다.

네이버 검색만으로 찾아와 제품을 구매할 수 있는 시대라 꾸준히 포스팅된 블로그만으로도 충분히 매출 상승을 올릴 수 있다. 여기다 스마트 스토어를 만들어 블로그와 연동시켜놓으면 최상의 시너지 효과를 얻을 수 있다.

자신의 숍 고객 타깃에 맞는 관리 체험단을 모집해서 입소문 낼 수 있는 바이럴 마케팅을 할 수 있다.

또한, 다른 잘하고 있는 숍을 이웃 추가해서 벤치마킹하고 여유시간 있을 때 방문해본 후, 자신의 숍의 부족한 부분들을 채우기 위해 노력한다.

마케팅은 시장과 어울려서 계속 흥 나게 놀며
내일도 모레도 그 시장을 살아 꿈틀대도록 만드는 것,
마케팅하는 게 아니라 마케팅 그 자체가 되는 것이다.
− 《내 운명은 고객이 결정한다》, 박종윤

—— 넥크림 ——

도전! 뷰티 유튜버
(YouTube)

온토리TV 방송 녹화 전 셀카 사진

대한민국 전문 강사 채널 온토리TV에 뷰티 유튜버를 해보고 싶다고 민수경 대표님께 연락을 드렸다. 민 대표님과는 독서 모임의 인연으로 약간의 친분이 있는 상태였다. 그 시기는 유튜브가 한국에서 핫이슈되는 시점이었다. 촬영하고 편집하고 하는 과정이 자신 없었기에 그 당시 유튜브를 열심히 제작 중인 온토리TV는 내가 믿고 맡길 만한 채널이었다.

난 두 개의 콘텐츠를 준비하고, 일단 하루에 두 편의 영상을 찍어보겠다고 했다. 아침 일찍, 청담동의 단골숍에서 헤어와 메이크업을 받고, 유튜브에 선보일 스킨케어 제품들을 챙겨 판교의 사무실로 향했다. 뭔가 새롭게 시작한다는 느낌에 굉장히 설레는 날이었다.

결혼 후, 잠시 주부 리포터로 아르바이트한 경험이 있어서인지 세 대의 카메라 앞에서 생각보다 많이 긴장되지 않았다. 사실 긴장하면 말이 빨라져서 실수할까 봐 1시간 전, 신경안정제 한 알을 먹고 촬영했다.

'이수진의 뷰티 터치', 내가 붙인 제목이었다.
1편 – 클렌징! 피부 타입별 선택 방법
2편 – 피부과 못지않은 1일 1팩의 효과

이렇게 두 편을 촬영하고 사무실로 돌아와 동료들과 저녁을 먹는데, 맥주 두 잔에 쓰러지는 기분이었다. 김밥 한 줄과 커피 세 잔으로 종일 버티며 나름대로 긴장했나 보다. 최선을 다한다는 생각으로 촬영했기에 에너지를 다 쏟은 느낌이었다.

그로부터 두 달 뒤, 난 말레이시아 정부에서 주최하는 K뷰티 관련 프로젝트의 대표 원장 자리를 의뢰받았고, 프로필 란에 유튜브 영상을 함께 제출할 수 있었다. 유튜브 영상으로 그들에게 프로페셔널한 내 프로필이 조금 더 어필되어 다른 경쟁자들의 이력서보다 더 좋은 평가를 받게 되어 선정될 수 있었다.

2020년 7월, 이 프로젝트는 말레이시아 정부에서 실시하기로 결정되었지만, 아쉽게도 코로나19로 무산되었다.

2020년 2월 어느 금요일 저녁, 지인들과 집 근처에서 저녁 식사를 하고 있었다. 그런데 갑자기 회사 휴대전화로 주문 알람이 계속 울렸다. 2시간 사이 30건이 넘는 주문이 들어왔다. '이게 뭐지?' 난 서둘러 미팅을 마무리하고 집으로 돌아와 스마트 스토어 주문 현황을 체크하기 시작했다. 주문이 맞았다. 검색 경로를 살펴보니 우리 회사가 취급하고 있는 브랜드의 제품 하나가 유튜버 '박서아 TV'를 통해 소개되었고, 그녀의 팬덤들이 박서아 씨가 추천한 제품을 구매하기 위해 여러 사이트에 접속했던 거다. 정말 놀라웠다. 코로나19로 가장 심각했던 2월, 그 아이템은 주말까지 50건이 넘는 주문으로 이어졌고, 그 덕에 잠시나마 웃음꽃을 피울 수 있었다. 뷰티 유튜버의 막강 파워를 실감한 날이었다.

요즘 각 분야에서 전문가로 활동하는 4050 유튜버들의 채널들을 구독하며 듣고 있다.

- 박민수 박사 – 가정의학과 전문 채널
- 쿡피아 – 요리연구가 이보은 씨의 요리 레시피 채널
- 이천희망TV – 노후 준비, 재테크 관련 채널
- 유영만 you튜브 – 지식생태 지식학자, 도서 관련 채널

이분들의 공통점은 한 분야에서 꾸준하게 30년 이상의 경험을 쌓고 있으며, 책을 쓰고 강의하면서 전문가로서의 저력도 보여준다는 것이다. 그래서 50대에 더 빛을 보는 분들인 거 같다. 난 아직 개인 채널은 도전해보지 못했지만, 쉰을 바라보는 시점에 이분들의 훌륭한 점들을 본받아 조만간 유튜브 채널에도 도전해보려고 한다.

―――――― 비비크림 ――――――

아직 시작 안 하셨다고요?
스마트 스토어 마케팅
(Smart Store Marketing)

스마트 스토어 비욘 페이지

독일 회사의 경영 악화로 제품 생산이 중단되어 어쩔 수 없이 3년 동안 전국을 다니며 영업해오던 비욘을 그만두게 되었다. 너무 많은 열정, 시간, 돈을 쏟아부었기에 다른 회사 제품들을 세일즈하며 살아가는 것은 생각보다 무료했다.

한 달에 몇 번씩 다녔던

지방 출장에 내 몸도 지쳐 있던 상태였다. 40대 중반의 나이였기에 지금보다 조금 덜 움직이고 시간을 자유로이 보내며 일정한 고정 수입을 벌 수 있는 다른 방법이 없을까 고민하던 시기였다. 네이버 스토어팜이 네이버 스마트 스토어로 명칭이 바뀌었을 때 쯤이다.

지인 중 IT 중소기업 임원으로 일하고 있는 최 부대표를 찾아가 스마트 스토어에 관한 플랫폼을 설명하고 내 머릿속에서 구상하고 있는 비즈니스툴을 확장시켜보고 싶어 조언을 구했는데 이 친구는 내 이야기를 듣자마자 너무 좋은 생각이라며, 내 아이디어에 힘을 실어주었다.

어느 날, 친구들 모임에서 외국계 대기업 임원으로 있는 고향 친구 B가 부업으로 애견용품 아이템을 가지고 스마트 스토어에서 투잡으로 매출을 일으키고 있다는 소식을 들었다. 그 친구는 아내 몰래 친구에게 돈을 빌려줬다가 자기도 모르는 사이에 1억 원이 넘는 빚이 생겨버린 것이었다. 그래서 빚을 갚기 위해 스마트 스토어를 시작했다고 한다.

그 이후로 몇 달간 가만히 지켜보니 B의 숍 매출은 점점 나아졌고, 5년이 지난 지금은 자신의 브랜드로 아이템을 출시한 상태다. 중국과 동남아시아에 간단히 수출하기도 한다고 했다. 축하하면서도 살짝 부럽기도 했고 욕심이 나기도 했다.

그 친구는 내게 협업을 요구했고, 자신의 상품들을 판매하면서 사은품으로 페이스모아 시트 마스크를 구매해서 단골 고객에게 증정했다. 마스크팩을 구매하는 시기가 점점 빨라지고 수량이 늘어나는 걸 느낀 나는 친구의 스토어 단골 고객이 많이 확보되었음을 알 수 있었다. 더 이상 늦으면 안 되겠다 싶어 공대 출신 남편에게 스마트 스토어 비욘을 만들자고 제안했다. 남편은 사업 실패로 나와 함께 회사 일을 하고 있었고, 난 우리 가정을 책임지고 살아가야 했기에 수입을 늘릴 수 있는 일이라면 무슨 일이든 곧바로 실행하고 있었다.

퀼트 전문 도매회사에서 근무하고 있는 미라 씨는 인스타그램을 통해 내게 연락해온 워킹우먼이었다. 중·고등학생의 아들과 딸을 키우며 회사에 다니고 있었고, 주말에는 시간제 아르바이트도 마다하지 않고 정말 열심히 살아가는 친구였다. 그녀와 나는 몇 번의 만남으로 서로의 상황을 알 수 있었는데, 놀랍게도 그녀는 오피스텔 임대업과 사무실 임대사업까지 운영하고 있으면서 급여 외 700만 원 이상의 수익을 창출하고 있는 상태였다. 거기다 퀼트 회사 대리이면서 원단 구매 대행, 디자인 프리랜서, 지식산업센터 오피스텔 임대사업, 초보 개미 투자자, NCS 퀼트 강사

← **simshandmade** ⋮

1,663 3,075 2,141
게시물 팔로워 팔로잉

N잡러 심미라
🍵엔조이퀼트대리 @enjoyquilt
🎁소장품판매
@simshandmade_market
🏢지식산업센터,오피스텔
임대사업,초보개미투자자
🧵NCS퀼트강사(윤퀼트,코리아퀼트스쿨
수료)
kbeauty_vivian님,
flowersooda_reboot님 외 **20명**이
팔로우합니다

N잡러 심미라 인스타 프로필

로 다섯 개의 파이프라인을 돌리고 있는 N잡러였기에, 이야기를 들은 나는 굉장히 놀랬다.

그런 그녀가 나를 찾아온 이유는 투자해놓은 부동산의 대출금을 갚기 위해 매달 고정으로 나가는 월 150만 원 이상의 수익이 필요했기 때문이다. 안타깝게도 2주 후면 큰 수술이 그녀를 기다리고 있어 3개월간 휴직해야 하는 상황을 구구절절 내게 설명했다. 그녀는 회사 업무로 도매상들을 상대로 인스타그램 공구를 통해 원단이나 소품을 이틀에 150만 원 이상 판매한 이력이 있고, 기본적으로 사업 마인드가 있었다. 무엇보다 자기계발에도

게으르지 않았다.

일요일, 카페로 노트북 하나를 들고 내게 찾아온 그녀에게 나는 스마트 스토어의 제작 과정, 홍보 마케팅, 수익 창출에 관해 간단하게 설명하고 내가 판매하고 있는 화장품 아이템까지 도매가로 연결해주었다. 그녀는 휴직하면 바로 투잡으로 스마트 스토어를 만들기 위해 준비하고 있었다. 난 그녀에게 원단 공예 쪽에 계시는 분들을 위한 '퍼스널쇼퍼'로서 활동해볼 생각을 해보라는 또 다른 꿈을 제안한 상태다.

오랫동안 공방을 운영하는 원장이면서 초·중학교 공예 강사로 활동하고 있었던 G 대표님에게 식사 한번 하자고 연락이 왔다. 식사하는 동안, 그녀는 내게 자신의 업계는 코로나19의 피해를 직격타로 맞고 있다고 하소연했다. 그녀는 경제 활동에 타격을 입게 되어 3개월 이상 매출이 없자 표정이 어두워지고, 불안해하며 우울감에 빠져 있었다. 다행히 그녀는 업무상 SNS 마케팅이나 스마트 스토어의 중요성을 누구보다 잘 알고 있었고, 2년 전부터 유명 강사들의 강의를 찾아 들으며 공부하고 있었다. 준비된 오너였다.

난 조심스럽게 그녀에게 "○○대표님, 내가 취급하는 화장품을 스마트 스토어에 판매해보시겠어요?"라고 물었다. 그녀의 표정이 순간 밝아지고 환하게 미소를 띠며, "대표님이 제게 그렇게만 해주신다면 당장이라도 시작해보겠어요. 사실 스마트 스토어가 괜찮은 건 알았지만, 제품 소싱을 어떤 것으로 할까 막막해서 고민만 했었거든요"라고 답했다. 난 그녀에게 내가 적극적으로 도와줄 테니 같이 열심히 해보자고 말한 후, 집으로 돌아와 그녀에게 전해줄 제품 리스트들을 메모하기 시작했다.

역시 사업을 오랫동안 해본 그녀는 내가 보내준 제품리스트를 받자마자 재빠르게 스마트 스토어 상호명을 정하고, 영업할 명함을 만들며, 상세페이지도 참신한 아이디어로 바로 업로드시켰다. 그녀는 지인들에게 온라인숍을 오픈했으니 필요한 제품이 있으면 앞으로 본인의 스마트 스토어에서 구매해달라는 메시지로 명함을 전달하고 홍보하기 시작했다.

오픈한 지 일주일밖에 지나지 않았지만, 그녀는 뷰티업계 오랜 세일즈 경력을 가진 분만큼이나 적극적인 판매를 하고, 첫 달부터 기대 이상의 매출도 올리고 있다.

소상공인 코칭, 컨설팅 때도 제품 소싱에 어려움을 호소하는 분들이 많은데, 자연스럽게 화장품이라는 아이템을 가지고 매일 함께 일하는 에스테티션들이 얼마나 큰 행운의 열쇠를 지니고 있는지 다시 한번 인식하게 된다.

아직 시작해보지 못하신 분들이나 스마트 스토어 만들기에 자신 없는 분들은 필자에게 연락을 주시면 언제든 도움을 드리고 싶다.

강원창조경제혁신센터 창업 컨설팅 강사로 일한 지 벌써 2년이 되어간다. 그동안 열다섯 개 회사의 패션의류, 뷰티, 액세서리 업체를 컨설팅했다. 그리고 2020년 하반기 컨설팅도 기다리고 있다. 하지만 코로나19로 딜레이되고 있어 안타까울 따름이다. 창업 컨설팅은 상반기, 하반기에 각각 다섯 개 업체를 맡게 된다. 최근 내가 맡은 업체 중 인상 깊은 업체를 소개하겠다.

강원창조경제혁신센터 창업컨설팅 모습

나쇼중 스마트 스토어

S전자 연구원이면서 초등학생 아들을 둔 워킹맘이 운영하고 있는 숍 '나쇼중'은 강원 스마트 스토어 스타일원도 패션 부분 1위 업체. 그녀는 아들을 키우고 살아가야 하는 싱글맘이기에 대기업 연구소 직원임에도 퇴근 후나 공휴일, 주말에는 본인의 스토어 일에

열중한다. 본인 사이트에 섬네일 사진이나 동영상에도 직접 옷을 고르고 제작해 모델로 착용하고 포스팅한다. 주말에는 아들과 야외로 나가 일상을 기록하며 인스타그램에 업로드했다. 내가 보기엔 인플루언서로서도 손색없을 정도로 감각도 좋고 스마트하며 부지런하다. 컨설팅을 하기 위해 그녀의 오프라인 숍에서 처음 그녀를 만났을 때, 그녀는 내게 자신의 상황을 이야기하며 도움을 받고 싶다고 적극적으로 어필했다.

첫 만남에서의 그녀의 반짝이는 눈빛을 지금도 생생하게 기억한다. 간절함과 성공하고 싶은 욕망이 고스란히 느껴졌다. 한편

으론 무슨 일이든 적극적으로 나서고 참여했던 과거의 내 모습과도 데자뷔되는 기분이 들었다. 궁지에 몰렸을 때, 누군가의 적극적인 도움을 간절히 원할 때의 내 모습과 너무 비슷했다. 나는 그녀의 비즈니스 상황을 충분히 듣고 오프라인 쇼윈도부터 매장 관리, 재고 관리, 고객리스트, CS 관리 등 다양한 부분을 조언했다. 그리고 일주일이 채 지나지 않아 그녀는 목수 아버지의 도움을 받아 내 말대로 쇼윈도의 인테리어를 바꾸고 있는 사진과 영상을 인스타그램에 포스팅했다. 그 후, 두 번째 방문했을 때는 재고도 많이 정리해 현금화한 상태였다.

그리고 네이버 스마트 스토어에서만 3월의 1,800만 원대 매출이 7월엔 5,000만 원 이상의 매출 상승으로 나타났다. 그녀의 꾸준함과 노력이 바탕이 되어 얻어진 결과였다. 무엇보다도 매일 인스타그램 홍보에 적극적인 모습에 박수를 보내고 싶다. 나 역시 매번 그녀의 인스타에 좋아요를 누르고 댓글로 응원하며 소통하고 있다. 대한민국 싱글맘은 정말 위대하다.

그 다음은 온·오프 숍을 동시에 운영하는 에스테틱숍 '구해진 피부 사랑'이다. '비욘'이라는 브랜드로 직원들과 전국 곳곳으로 세미나를 다닐 때쯤이었다. 회사로 전화 한 통이 왔다. 나와 동갑내기이자 훈남 아들을 훌륭히 키워가며 정말 열심히 살아가는 워킹맘 구해진 원장님이 미팅 요청을 했다. SNS에서 자주 소통했던 사이라 기쁘고 설레는 마음으로 직원과 함께 김포의 원장님 숍을 방문했다. 여성스러운 외모에 밝은 미소로 환하게 나를 반겨주는 그녀가 너무 고마웠다.

"원장님, 이수진이에요. 연락해주시고 이렇게 만나게 되어서 너무 반가워요."

"저도요, 대표님" 하며 그녀는 숍에 방문한 나를 위해 새벽에 손수 내린 따뜻한 대추차를 내놓았다. 대추차 한 모금에 마음과 정성이 가득 담겨 있음을 느낄 수 있었다.

우리는 식사하고 차를 마시며 비즈니스 이야기를 나누었다. 그리고 그날 이후로 그녀는 내 거래처가 되었다. 전국의 많은 숍들을 다녀봐서 까다로운 나인데, 구해진 원장님의 숍은 움직임이 많고 자주 출장을 다니는 내 몸 케어를 믿고 맡기기에 최적화되어 있었다. 관리받는 동안 원장님께 업계 소식도 전하고, 인생살이 얘기도 나누는 좋은 친구 같은 존재로 소중한 인연을 꾸준히 맺고 있다.

어느 날, 나는 원장님에게 스마트 스토어의 필요성과 제작을 권유했고, 원장님은 바로 제작비를 입금하며 만들어달라 했다. 하지만 오프에서의 너무 바쁜 일정으로 스마트 스토어까지 홍보하기에는 매출 상승이 더딘 상태였다. 그런 원장님에게 이번 여름, 갑작스럽게 수술할 일이 생겨 병원에 한 달 이상을 입원하는 일이 일어났다. 원장님은 퇴원 시점에 맞춰 스마트 스토어를 잘해봐야겠다고 나에게 도움을 청했다. 나는 망설임 없이 홍보 방법을 알려드렸다. 원장님은 꾸준하고 성실한 분이라 바로 실행했다. 그리고 주위 원장님 두 분에게도 스마트 스토어 제작을 소개해주셨다.

나는 원장님에게 스마트 스토어를 하면서 좋은 점이 뭐냐고 물었다. 원장님은 내게 이런 답변을 주었다.

"스마트 스토어를 하기 전, 키 높이만큼의 시선의 한계를 가지고 고객을 바라보고 특정 소수에만 관심을 가졌어요. 특히 숍에 방문하는 고객에게 한정되어 새로운 시장 개척이라는 지속 가능성에는 관심이 없었거든요. 스마트 스토어를 하고 난 후는 뷰티템에 관심 있는 온라인상의 고객이 관심을 가진다는 기대감에 성장 원동력이 되는 느낌이 들더라고요. 첫 제품을 올리고 홍보가 다소 어려웠지만, 우리 숍에 온라인 매장이 있다고 단골 고객에게 먼저 홍보하고 알렸더니 구매 폭이 더 넓어졌고, 상세한 설명을 하지 않아도 포인트만 집어준다면 홈케어도 쉬워지는 것 같아요. 스마트 스토어가 정착하기 위해서는 시간과 노력이 필요하기에 성급함이 앞서는 것만 주의하면 좋을 것 같아요."

필자는 강원창조경제혁신센터의 '1억 셀러 만들기' 프로젝트의 스마트 스토어 강사로도 활동하는 모습을 업무 후, 바로 SNS에 포스팅했다. 매번 교육 후 포스팅하는 습관은 내겐 익숙하기도 하고 이젠 빠질 수 없는 업무 중 하나이기도 하다.

아침에 휴게소에 들러 혼밥으로 콩나물국밥 한 그릇 먹고, 출발하는 과정을 포스팅하면서 열심히 일하는 모습을 올린다. 가끔은 인스타그램을 통해 나를 한번 만나 보고 싶다는 메시지도 온다. 서로 소통했던 인친(인스타그램 친구)들이라 거부하지 않고 시간 내서 만나기도 했다. 아무래도 아이들을 키우며 사회에 나가 치열하게 돈 벌며 생활하는 분들이라 몇 마디만 나누다 보면 금방 친해질 수 있다. 오픈 마인드로 살아가려는 내 성향이 이럴 때는 굉장히 도움이 될 때가 많다.

나 역시 가끔은 지치고 삶이 무료해질 때 워킹맘들의 응원 메시지를 받고 힘을 얻기도 한다. 그러다 보니 몇 년째 소통하면서 서로 의지하며 성장해가는 워킹우먼들도 있다. 사회생활은 혼자 하는 것이 아니므로 다양한 직업군의 좋은 사람들을 만날 수 있다는 경험도 비즈니스에 도움이 되며 색다른 간접 경험을 하게 된다.

요즘 나를 찾는 사람들의 니즈는 "스마트 스토어를 통해 어떻게 하면 돈을 벌 수 있을까?"다.

특히 경력 단절이신 분이나 직장인 투잡을 원하시는 30~50대 분들에게 2년 동안 운영해온 네이버 스마트 스토어 노하우를 쉽게 전달해드리고 싶다.

영업시간이 따로 정해져 있지 않고, 온라인상 네이버에 하나의 온라인숍을 만들어놓으면 외출, 여행, 출장, 퇴근, 취침 시에도 스토어에서 홍보만 잘 되고 있다면 제품은 팔릴 수 있다. 많은 분들이 '소자본의 투잡'을 외치는 스마트 스토어야말로 꼭 필요한 비즈니스 플랫폼 중 하나다.

그렇다면 스마트 스토어는 어떻게 만들어지는지 알아보자.

이틀 전, 인스타그램 다이렉트 메시지로 부산에 사는 인친이 메시지를 보내왔다. 스마트 스토어 제작을 하고 싶은데, 본인은 완전 컴맹이라 어떻게 시작해야 할지 두렵다고 한다.

현실은 돈을 벌어야 하고 만들기는 어려운데, 인스타에서 내가 제품을 홍보하고 교육하는 모습을 보고 연락을 주었다. 이실직고하자면 나 역시 컴퓨터 관련 업무는 프로그래머 출신 남편이 하나부터 열까지 많이 도와주는 편이라 노트북에 익숙하지 않았다. 그런데 스마트 스토어는 상품 업로드를 마치면 노트북이 아닝 스마트폰으로 모든 업무가 가능하다. 그래서 군이 컴퓨터를 잘 모르더라도 한번 만들고 나면 누구나 혼자서 할 수 있다.

1. 네이버 스마트 스토어 가입 준비 서류를 준비한다.

- 사업자 등록증 : 관할 세무서에서 신고, 사업장의 등기부등본, 임대일 경우, 임대차 계약서를 제출한다.
- 구매안전서비스 확인증 : 거래 은행에서 발급, 스마트 스토에서 온라인 발급 가능하다.
- 통신판매업 신고증 : 사업장 소재지 구청(시청)에서 신고 발급(구매안전서비스 확인증 제출)한다. 통신판매업 신고는 정부24 온라인에서 신청하고 수령할 때만 직접 방문 가능하다.
- 대표자(또는 법인) 인감 증명서 사본(발급일 3개월 이내) : 개인 사업자의 경우, 대표자 핸드폰 인증으로 대체할 수 있다. 대표자(또는 법인) 명의 사업자용 통장(판매 대금을 입금받을 통장)을 준비한다.

모든 서류는 3개월 이내에 발급받은 것으로 이미지 파일로 준비한다. 판매자 유형은 사업자로 등록한다. 처음부터 사업자로 시작하기 부담스러운 분들은 개인으로 등록 후, 매출이 늘어날 때 사업자로 변경해도 된다(대학생, 주부, 직장인들에게 해당).

필자는 에스테틱숍 원장님들을 위해 오프라인숍과 더불어 온라인숍을 운영해야 한다고 2년 전부터 뷰티 칼럼과 세미나를 통해 강조해왔다. 막상 내 제안에 신청하신 원장님들 중 진행하기 위해 통신판매신고증을 신청해서 등록하는 단계까지 오프라인숍을 운영하면서 만들어야 하니 2주에서 한 달 정도 걸리는 경우도 있었다. 사실 이 부분을 어려워해서 스마트 스토어를 만들어보겠다 해놓고 포기하는 경우도 많았다. 네이버 스마트 스토어의 무료 교육이나 메뉴얼 등을 참고해서 준비하다 보면 쉽게 진행할 수 있으니 꼭 사이트를 참고하기 바란다.

2. 스마트 스토어서 판매할 아이템을 정한다. (아주 중요!)

필자는 화장품 회사를 운영하고 있기에 화장품 아이템이 있어 너무 감사했다. 화장품 외 패션 의류, 액세서리, 공방용품, 건어물, 생활용품, 김치, 애견용품류 등등 우리 일상생활에 필요한 제품들은 온라인상에서도 모두 판매가 가능하다고 보면 된다(단, 소비자 가격이 깨지지 않고 잘 유지되어 있는 아이템으로 정하자).

집중적으로 내가 무엇을 잘 판매할 수 있고, 오랫동안 지속해서 할 수 있는지를 잘 고민해보고 아이템을 선정하자(참고로 필자는 스마트 스토어 비욘으로 2년째 운영 중이다). 온라인 사이트에 너무 많은 제품이 올라가면 본사에 이득이 줄어 반대하는 업체들도 있지만, 소비자 가격만 서로 잘 지켜주고 함께 홍보한다면 브랜드의 가치는 올라간다. 샤넬, 에스티로더, 설화수 등과 같은 누구나 아는 명품 브랜드가 아닌 이상, 소비자가 어떤 상품을 검색해서 어느 사이트에서 구매할지는 아무도 모른다. 소비자의 선택은 소비자 마음이기 때문이다.

네이버에 검색했을 때, 최대한 많이 노출되고 홍보될 수 있다면 제품 회사도 거래처도 소비자도 서로가 윈윈하는 게 아닌가 싶다.

3. 사업자 네이밍을 정하고 명함 만들기

내 거래처 쇼핑몰 중에는 '미스 아르떼'라고 스토어명을 만드신 분이 있다. 그녀는 부르기 쉽고, 잘 외워지며, 흔하지 않은 상호명(인터넷 검색용)을 고민했다고 한다. 무엇보다 쇼핑몰이 '뷰티몰'이라 특색에 맞는 네이밍으로 정했다 한다. 그럼 '미스 아르떼' 탄생 의미를 들어보자.

'미스 아르떼'는 스페인어 'arte'에 그리워하다는 의미의 'Miss'를 더해 만들어졌다. 'arte'의 사전적 의미는 예술·미술·기술이다.

즉, Miss 아르떼로 예술을 그리워하다는 의미가 담겼다. 또한, 아름다울 미(美) 아르떼라는 의미도 추가해 '화장품은 아름다워지기 위한 기술이다'라는 것은 전달한다.

미스 아르떼의 스마트 스토어

개인적으로는 미스 아르떼의 수익으로 목돈이 생긴다면 다시금 예술 활동을 하고 싶은 개인적인 소망도 담겨 있다고 한다.

또한 아르떼 앞에 미스를 붙여 마치 사람 이름처럼 느끼도록 해서 예쁜 아가씨 이미지를 형상화하고 싶었다고 한다.

스토어숍 네이밍을 정하라고 할 때, 대충 정하시는 분들이 계시는데 앞의 사례를 참조해서 깊게 고민해보고 정하시길 바란다. 그렇다고 너무 오랫동안 고민할 필요는 없다. 스마트 스토어 네이밍은 한 번의 변경이 가능하기 때문이다.

쇼핑몰 특성에 맞게 될 수 있으면 쉽게 기억하고 검색할 수 있는 이름으로 정하는 것이 좋다. 하지만 제일 중요한 것은 유니크함이다. 대중적이고 보편화된 이름은 수없이 많이 검색되어 검색 결과에 파묻힐 가능성이 높기 때문이다.

스토어 URL(인터넷 주소, 영문), 인스타그램 주소, 블로그, 카카오톡 ID, 유튜브 채널 등을 명함 한 장에(내 사이트를 홍보할 수 있는 것들) 어필해서 가까운 지인들에게 온라인숍 오픈을 알리며 홍보한다. 지인들에게 먼저 알리는 이유는 오프에서 숍을 오픈하면 여러 인맥이 예의상 한 번쯤은 구매하게 된다. 온라인도 같은 맥락이다. 지인들이 필요한 제품들을 한 번쯤 구매하고 리뷰나 찜을 하도록 하는 게 숍 노출에 도움이 된다.

4. 택배 운송회사 정하기, 재고 부담을 줄이려면 위탁 배송업체 선정하기

온라인숍의 택배 배송 업무는 가장 중요할 수 있는 업무이기도 하다. 소비자 입장에서는 업체만 믿고 선결제로 구매한 상태에서 주문 제품이 일찍 도착하지 않으면 불안해진다. 그리고 이 부분에 관한 컴플레인은 매우 강하게 나타난다.

그래서 이 부분은 정말 민감하면서 중요한 부분이다. 도매상에 미리 재고를 확보해놓거나 당일 배송을 원칙으로 직배송 시스템을 만들어놓는 게 좋다.

택배 건수가 많아지면 택배회사와 계약해서 택배비 절감도할 수 있다. 편의점 택배와 우체국 택배는 4,000원, 택배 회사 계약 업체 2,500~3,000원으로 하루 택배 1,000건 이상일 경우는

2,000원대로 택배비를 조정할 수도 있다. 많이 팔면 팔수록 결국 택배비 절약도 영업 이익이 된다.

5. 도매가로 공급

판매할 제품의 가격 부분은 매우 중요하다.

최종 판매자 〉 소매 판매업자 〉 도매 판매업자 〉 생산업자 단계에서 얼마나 합리적인 가격으로 제품을 공급받고 얼마나 많은 마진을 남기는가가 중요하다. 운영하다 보면 금방 알 수 있는 부분이다.

필자는 스마트 스토어를 운영하면서 거래처숍 원장님들의 위탁판매 사이트를 관리·운영하고 있다. 그 이유는 소비자 가격을 잘 유지하고 판매자에게 동일한 입장에서 불만 없이 공평하게 판매할 기회를 주어야 하기 때문이다. 그리고 대부분 오프 영업으로 바쁘다 보니 위탁 판매 영업으로 재고나 택배 포장 소모 시간을 줄여줄 수 있어 제안했다. 나와 제휴를 맺은 거래처들은 이 부분을 아주 만족하고 진행하고 있다. 위탁 배송 시 우리가 관리하는 업체에게도 똑같이 사은품이나 샘플 증정으로 단골 고객 확보에 도움을 준다.

6. 블로그를 통해 제품 리뷰 /스마트 스토어 URL 연동

블로그 마케팅에서 설명했듯이, 제품 사용 후기나 리뷰는 매우 중요하다. 고객들에게 제품의 성분, 사용감, 퀄리티 등을 알리고 세일즈나 공구도 가능하기 때문이다. 사진, 동영상 등을 글 부분 중간에 첨부할 수 있고 제품 소개 아래 부분에는 스마트 스토어 url을 연동해서 홍보할 수 있다.

7. 오픈마켓(쿠팡, 11번가 등) 폐쇄몰 입점

여러 형태의 오픈 마켓으로도 정해진 가격으로 입점시켜 소비자들에게 브랜드, 상품 가치를 알린다. 전문몰, 종합몰, 폐쇄몰, 해외 연동 솔루션 카페24 고도몰, 해외 입점(아마존) 판매 등이 있다.

8. 소비자가 구매 확정 후 다음 날 또는 배송 완료 후 8영업일이 지난 새벽에 판매자 계좌로 결제금액이 입금되어 기분 좋은 하루를 시작한다(주로 아침에 입금되는 편이다).

9. 스마트 스토어 운영 시 기본적으로 갖추어야 할 자세
1) 좋은 제품을 잘 초이스하자.
2) 좋은 제품이 잘 팔릴 수 있도록 사진(섬네일), 상품 설명(상세페이지), 상품 구성을 잘 만들자.

3) SNS (FB마케팅.유튜브)를 통해 자사 브랜드나 퍼스널 브랜드를 더 홍보하자.

4) 사이트 디자인, 카테고리 분류, 상품 배치, 이벤트, 게시판 작성, 주문 과정, 회원 가입 과정, 배송 과정, 사후 처리 과정, 상품의 가격, 설명까지 프로세스를 잘 만들어놓자.

최신 트렌드는 다 모여라.
인스타그램 마케팅
(Instagram marketing)

홈 비즈니스는 언제 어디서나 자유롭게 일하면서 홍보할 수 있는 장점이 있다. 하지만 "나와는 먼 얘기인 듯한데…. 시작하기 어렵고 귀찮은데…"라고 말하는 분들을 종종 만나곤 한다. 그런데 가만히 생각해보자. 우리가 일상생활을 하면서 가장 많이 접하는 물건은 무엇일까? 이것의 알람 소리에 깨어 이것의 일정표를 보고 약속하고 식사 시간과 운동을 정한다. 이것으로 온라인 교육을 하고 화상채팅을 한다. 그렇다! 바로 스마트폰이다.

화상 채팅, 카카오톡, 문자 업무 등 일과의 대부분을 우리는 스마트폰과 함께한다. 기상해서 취침할 때까지 스마트폰과 떼려야 뗄 수 없는 관계가 됐다. 요즘 코로나19 바이러스로 '사회적

거리두기'가 의무화되면서 많은 사람이 외출을 꺼리고 있다. 모두가 힘든 시기다.

오프라인 숍 하나를 오픈하기 위해서는 보증금, 월세, 권리금, 인건비, 원가, 재료비, 부자재비, 관리비, 광고비용 등등 많은 운영 자금이 들어간다. 성공적으로 숍을 운영하려면 늘 연구하고 홍보하고 투자하는 게 당연하다. 숍 경영자는 다양한 제품과 기계를 들이고 홈케어 제품을 판매하기 위해 매달 새로운 프로모션을 만들어 홍보한다. 또 차별화된 테크닉을 고객들에게 선보이기 위해 새로운 교육에도 열정적으로 배움의 시간을 투자한다.

숍 운영자라면 오픈 준비 기간 SNS 마케팅을 하기 위해 블로그, 페이스북, 인스타그램, 카카오 스토리도 열심히 배웠을 것이다. 현시대의 SNS는 모든 비즈니스의 필수 마케팅 채널로 자리 잡고 있기 때문이다. 필자는 SNS 중에서도 인스타그램을 가장 적극적으로 추천한다. 가장 적은 비용으로 할 수 있으며, 쉽고 간단하기 때문이다. 꾸준히만 하면 된다. 새 고객을 만들 수도 있고, 기존 고객에게는 믿고 의지할 수 있는 전문 에스테틱숍이라는 이미지를 심어줄 수 있다. 또 온라인 세상의 수많은 잠재 고객들에게 내가 취급하는 상품이나 기구, 체험권 등을 적극적으로 알릴 수도 있다.

인스타그램을 강조하는 이유는 사진과 콘텐츠만으로 내 비즈니스의 장점을 가장 잘 표현할 수 있는 마케팅 툴이기 때문이다. 우리는 영업 시간에는 누구보다도 열정적으로 숍에서 업무를 하지만, 그 외 시간에 어떻게 내 일을 홍보할 수 있는가에 대해서는 잘 모른다. 어떤 사람은 온라인에 대해 어려워하고 심지어 두려워하기도 한다. 만약 여러분이 주력으로 홍보·판매하는 온라인 마켓 스마트 스토어까지 잘 갖춰놓는다면 영업 외 시간, 휴식 시간, 취침 시간에도 자연스럽게 홍보가 되면서 판매 실적을 올릴 수도 있다.

'인스타그램 DM(Direct Message)이나 메시지를 통해 제품 문의가 오고 판매가 된다면, 피부 관리에 대한 상담이나 문의가 온다면, 얼마나 좋을까?'라는 생각으로 홈 비즈니스를 무조건 시작해야 한다. 이미 잘 실행하고 있는 사람이라면, 이 기쁨을 누구보다 잘 알 것이다. 인스타 계정 하나하나마다 정체성을 다르게 운영하며 자신의 능력을 어필하는 '인싸'들처럼 말이다.

필자는 아직 한 번도 시도하지 않은 분의 관점에서 정보를 전해드리고자 한다. 그럼 지금부터 나만의 뷰티 인스타그램을 어떻게 만들어갈지 하나하나씩 체크해보자.

나의 인스타그램 일상 계정

인스타그램은 최대 다섯 개의 계정을 만들 수 있다. 만약 숍을 운영하는 원장이라면 본인의 개인 계정과 숍 홍보를 위해 비즈니스 계정 두 개 정도를 만들어 운영하는 것이 좋다(1인숍 기준). 필자도 화장품 회사를 운영하는 워킹맘의 일상을 담은 계정 @Sujin140606과 제품 홍보, 기사, 영상으로 꾸며진 비즈니스 계정 @wevecnc1120을 운영하고 있다.

인스타그램에는 내가 무슨 일을 하는 사람인지를 한눈에 알아볼 수 있는 프로필 정보가 가장 중요하다. 내가 어떤 일을 하는 사람인지 한눈에 알아볼 수 있는 사진을 프로필 사진으로 올려라. 비즈니스 계정에는 내 숍의 로고나 이미지 사진을 추천한다. 프로필 사진 한 장으로 전문가의 이미지를 뽐낼 수 있지만, 프로필 사진이 없다면 보는 이가 쉽게 신뢰할 수 없고 차단당하기 쉽다.

프로필 입력란에는 이수진 대표/김포/장기동피부관리/감포피부관리실/빛나는 아름다움을 연구하는 곳, 숍 전화번호, 스마트 스토어 url이나 홈페이지 주소 등을 적어놓는다. 고객들이 궁금해서 찾아 들어와 필요한 정보를 찾아볼 수 있고, 호기심을 유도할 수 있어 좋다.

숍에서 사용하고 있는 제품이나 고객에게 처방하는 홈케어 제품들은 오프라인뿐만 아니라 네이버에 연동된 스마트 스토어(온라인 마켓)를 만들어 판매할 수 있다.

인스타그램에서는 스마트 스토어를 바로 연동시켜 홍보할 수 있는 마케팅도 쉽게 가능하기 때문에 홍보의 시너지를 얻을 수 있다. 또한 인스타그램은 페이스북과도 자동 연결되어 있으므로 페이스북 페이지를 만들어 함께 홍보해도 좋다. 여기에 요즘 대세인 유튜브나 블로그도 함께 운영한다면, 가히 '홍보의 끝판왕'이 될 수 있을 것이다.

뷰티 인플루언서로 활동하면서 산후우울증을 극복한 막냇동생 이야기를 하고 싶다. 우리 네 자매는 각자 개성 넘치는 끼와 능력들을 가지고 태어났다. 어릴 적부터 뛰어난 외모로 미스 유니버시티 2위에 입상한 경험이 있는 막내는 대학 졸업 후 잠시 대한항공에 근무했다가 현대홈쇼핑 뷰티 모델 부분 1등으로 뽑혔다. 결혼 전까지 현대홈쇼핑, 롯데홈쇼핑을 거쳐 뷰티 모델로 10년 이상의 경력을 쌓았다.

그리고 야구선수였던 제부와 결혼해 아이를 출산하고, 키우며 살아가는 도중, 산후우울증을 심하게 앓았다. 동생은 어렵게 자신의 상태를 내게 이야기했고, 나는 우리 화장품을 협찬해줄 테니 동영상이나 사진들을 찍어 인스타에 홍보해보면 어떻겠냐고 제안했다. 동생은 할지 말지 여러 번 고민하다가 제품 리뷰 영상들을 찍어 올렸다.

뷰티 모델 출신이라 영상 화면은 예쁘게만 나오는 게 아니라 프로다운 자태가 돋보였다. 동생의 영상들을 내 인스타 계정에 업로드하자 반응이 좋았고, 판매율도 점점 늘어났다(온라인 매출 상승에 시너지가 나타나는 부분이 동영상 홍보였다).

페이스모아 전속 모델 이여진 씨

지금도 동생은 조카 사랑이를 키우며 가끔 내가 부탁하는 일들을 해주고 있다. 혼자 자주 있어 생겼던 우울증은 어느 순간 자연스럽게 사라지고, 동생은 매일 운동으로 미모를 유지해가며 지금은 아주 밝게 잘 지내고 있다.

요즘 10~30대 소비자는 네이버 검색보다 해시태그와 키워드 검색을 통해 유입된다. 핫플레이스/맛집/유명카페/피부 관리샵/다이어트 등등 인스타그램의 돋보기 아이콘을 통해 검색해서 찾기 때문에 해시태그의 중요성은 상당히 크다고 할 수 있다.

예를 들어, 내가 지방 출장이나 여행을 가서 마사지를 받고 싶다면 #제주피부관리, #춘천피부관리 이런 식으로 검색 후, 네이버 블로그 리뷰도 살펴보고 문의해서 찾아가게 된다는 것이다. 젊은 고객층은 내 숍이나 제품을 홍보해줄 수 있는 인플루언서가 될 수 있기 때문이다. 40대 이상의 연령층보다 인스타그램을 통해 더 많이 유입할 수 있는 영향력 있는 고객층이기도 하다.

내가 대단히 많은 팔로워를 갖고 있지 않아도 인플루언서 한 명만 내 팬으로 만들면, 그가 가진 막강한 팔로워들 역시 나의 고객들이 될 수 있다. 이게 인플루언서 마케팅의 장점이다. 오프라인에서 단골 고객이 동네 빅마우스 효과를 내는 것과 마찬가지다. 내 숍에 맞는 해시태그 몇 개를 정해 꾸준히 홍보한다면, 어느 순간 잠재 고객들에게 알려질 수 있을 것이다.

홈 비즈니스를 시작하는 사람이라면 명확한 타깃층을 설정하고 그들의 해시태그와 관심사를 파악해 팔로워를 확보해야 하며, 인기 게시물 노출, 해당 해시태그의 최신 게시물 노출에도 중점을 두어야 한다. 바쁘다고 내 글만 포스팅하고 다른 게시물들과의 교류나 댓글 공감이 없다면, 이 또한 효율적이지 않으므로 일하다 쉬는 시간에 열 개 정도씩 새로운 게시물에 공감, 댓글을 달며 직접 소통하자.

CVM 마케팅(Customer, value, management)이란 게 있다. 마케팅 성공에서 가장 중요한 것이 관계다. 물건만 팔고 숍만 홍보하는 입장에서 벗어나야 한다. 끊임없는 소통으로 관계를 만들어나가는 것이 진정한 마케팅이 아닐까 생각한다.

인스타그램에는 하이라이트 기능이란 게 있다. 주목할 만한 사진이나 영상을 포스팅하면, 24시간 자동 노출이 되는 콘텐츠다. 기억하고 싶은 추억, 중요한 순간, 멋진 배경 사진이나 제품 사진, 동영상을 포스팅하면 게시물보다 좀 더 주목받을 수 있다. 필자는 하이라이트를 단 하루도 빠지지 않고 잘 활용하는 편이다. 신기하게도 '게시물 좋아요'보다 더 인기 있을 때가 있다.

필자는 인스타그램을 5년째 꾸준히 해오고 있다. 하루도 빠짐없이 제품 홍보와 강의하는 모습은 물론 워킹맘의 일상이나 요리, 두 아들 키우는 스토리 등을 소재로 다양하게 포스팅해왔다.

해시태그 역시 포스팅 주제에 맞게 정성껏 접목시켰다. #페이스모아 #워킹우먼의일상 #워킹맘의요리 #아들스타그램 #위브씨앤씨 #뷰티스타그램 등….

〈인스타그램의 다섯 가지 중요 요소〉

1. 피드 : 첫인상 굉장히 매력적이어야 한다. 12~15개의 이미지가 중요하다.
2. 스토리 : 나를 팔로우 하는 대상에게만 보이는 공간으로 24시간만 유지된다.
3. 하이라이트 : 상세한 정보, 공지사항, 질문사항으로 주목받을 수 있다.
4. 라이브 : 팬베이스 유지를 위해 실시간으로 소통할 수 있다.
5. IGTV : 세로형이나 긴 동영상을 올리기 좋다.

인스타그램은 1,000명의 진성 유저를 빠르게 모으는 게 중요하다. 그리고 나는 어떤 사람이고 왜 이것을 하는지 소통한다.

책으로 배운 인스타그램 사진 노하우를 소개한다.
인스타 피드를 보면 눈길을 끄는 감성 사진이 주목받는다. 전문가에게 사진을 배워본 적도 없었고, 인스타그램의 예쁜 사진들을 바라보며 그저 남의 실력이라고만 생각했었다. 셀카를 찍어 포스팅하는 것도 몇 년이 지났지만, 아직도 어색하고, 그냥 핸드폰 카메라 앱을 이용해 대충 찍어 글과 함께 올리는 것이 고작이었다. 사진은 그만큼 내게는 어려운 부분이었다.

이번 책을 준비하는 동안 여러 권을 책을 참고하면서 "이건 아니구나"를 깨닫고, 난 틈이 날 때마다 집 안 거실, 식탁, 주말에는 카페, 야외를 돌아다니며 사진의 구도, 빛의 강도, 피사체, 비율, 사물의 포인트가 뭔지를 연구하기 시작했다. 혼자가 아니라 다른 분야에서 일하는 마음 맞는 워킹맘 한 명과 함께하며 서로 재능 기부한 셈이다.

우리는 같은 장소에서 아이폰과 갤럭시폰 각자 다른 카메라로 서로의 생각과 아이디어를 공유하며 사진을 찍어주기 시작했다. 아마도 하루에 몇십 컷에서 몇백 컷까지 1일 1카페나 많을 땐 1일 3카페 투어를 하며 사진 찍기에 열정을 불태웠다.

따스한 느낌의 비슷한 분위기, 자연과 소품, 사물과 공간을 활용하며 열심히 찍고 SNS 포스팅의 페친, 인친들의 피드도 보면서 반응도 체크하며 수정·보완해나가기 시작했다.

시간과 돈을 아끼며 책으로 공부하고 책의 내용을 요약해서 정보를 공유한 결과, 나름 주변에서도 사진작가님들이나 디자인하시는 분들의 팔로워가 늘기 시작했다. 이렇게 일상에서 영감을 찾았다. 그리고 그 상황에 맞는 해시태그가 많이 도움이 되었다. 그래서 상황에 맞는 해시태그를 공유해보겠다. 여러분들도 지난

1년 동안 자신이 찍은 사진을 검토해보자.

〈공예 활동 관련 해시태그〉

#makersgonnamake #wipsandblooms #slowliving_create #핸드메이드 #DIY #취미생활 #취미 Wip는 작업 중(work in progress) 을 뜻한다.

〈음식과 재료 관련 해시태그〉

#MyCommon Table #foodstylingclub #myopenkitchen #tablesituation #홈쿡 #쿡스타그램 #요리스타그램 #가정식 #집밥 #푸드스타일링 #집밥스타그램

〈소풍과 여행 관련 해시태그〉

#slowtravelstories #thewanderingtourist #traveldetails #glocal#여행 #여행스타그램 #여행에미치다 #여행중 #여행중독

〈날씨와 계절 관련 해시태그〉

#stillswithstories #gloomandglow #stylingtheseasons #aseasonalshift #풍경 #풍경사진 #오늘의하늘 #오늘의날씨 #사계절 #날씨 #자연

〈특별한 날 축하하기 관련 해시태그〉

#GatheringLikeThese #festivefaffing #tableinspiration #
기념일 #축하 #이벤트 #anniversary

〈아름답게 차려입기 관련 해시태그〉

#midsizestyle #mystylediary #ootdflatlay #패션 #패션스
타그램 #옷스타그램 #데일리룩 #데일리코디 #코디 #오늘의코디
ootd :오늘의 옷차림, outfit of the day의 줄임말

〈가족과 반려동물 관련 해시태그〉

#thehonestlens #the _sugar_jar #hellostoryteller #육아 #
육아스타그램 #육아맘 #아들맘 #딸맘 #육아소통 #펫스타그램 #
개스타그램 #캣스타그램 #냥스타그램

〈풍경과 자연 관련 해시태그〉

#exploretocreate #folkscenery #beboundless #풍경 #자연
#landscape #landscape_lovers #nature #naturephotography

출처 :《인스타그램, 순간을 남기면 보이는 나》

인스타그램을 보고 만나고 싶다고 연락해오는 워킹맘들도 있

었고, 일상을 응원해주는 업계 동료들 말 한마디에 긍정에너지를 얻기도 했다. 의지가 약해 운동이나 독서를 게을리할 때마다 스스로가 던진 공약에 책임을 다하기 위해 열심히 목표 분량을 채워나갈 때도 있었다. 인스타그램을 통해 내가 판매하는 제품 홍보를 지켜보다가 피부 상담을 하고 제품 구매도 하고 인연이 닿아 오프라인에서 만나 커피 한 잔 나눌 수 있는 사이가 된 지인도 있다.

꾸준히 실행하는 것이 힘들지, 매일 목표한 바를 실천한다면 삶에 재미있는 일상이 하나 더해질 것이다. 어릴 적 순수한 마음으로 감성 가득한 일기를 쓰듯이 일상을 기록하는 마음으로 인스타그램을 즐기고 있다. 이 글을 읽는 여러분께 '지금 당장 포스팅 하나를 올려보라'고 권하고 싶다.

인스타그램으로 중국 수출

2017년 6월의 어느 날이었다. 동갑내기 대표님들과 함께 점심 식사를 하기 위해 난 사무실 근처 카페로 헐레벌떡 뛰어 들어갔다.

"아, 대표님들, 미안미안, 많이 기다렸죠?"

약속 시간보다 30분 정도 늦은 난 미안해하며 인사말을 전했다.

"오늘 약속 늦은 대신 제가 점심 살게요."

점심을 사겠다는 말에 모두의 얼굴에 환한 미소가 번지고, "그래요, 갑시다" 하고 근처 식당으로 자리를 옮겼다. 우리는 보쌈으로 점심 메뉴를 정하고, 내게 무슨 일로 늦었는지 궁금해 묻기 시작했다.

며칠 전, 어설픈 한국 말투를 쓰는 낯선 여자로부터 사무실로 전화가 왔다. 목소리만으로도 외국인임을 알 수 있었던 그녀는 나를 찾았다고 한다. 나는 외근 중이었기에 직원이 그녀에게 연락처를 묻고 메모를 해놓은 뒤, 바로 내게 전화가 걸어왔다.

"대표님, 사무실 몇 시에 복귀하세요?"

"음…. 무슨 일인데요? 지금이 3시 30분이니깐 미팅 마무리하고 사무실로 오후 5시까지 복귀할 거 같아요."

난 직원과의 통화를 마치고, 미팅을 마무리하고 곧바로 복귀했다.

오후 5시가 되자 젊고 아름다운 여자 두 분이 택시에서 내려 사무실 주변을 두리번거리고 있었다. 사무실 건물 1층 카페에서 미리 기다리고 있었던 나는 단번에 그녀들임을 알아차리고 환영 인사를 했다.

우리는 명함을 교환하며 인사를 나눴다. 그분들은 인스타그램을 통해 독일 제품의 퍼펙트필링을 찾다가 마침내 인스타 계정을 발견하고 제품 홍보 포스팅에 적힌 회사 번호로 전화를 했다 한다.

퍼펙트 필링을 구매했던 중국 대표

그리고 내게 독일제품 퍼펙트필링을 구할 수 있냐고 물었고, 당장 구매하길 원했다.

"약속 날짜를 지키지 않는다", "물건을 바로 구하지 못한다", "연락이 바로 오지 않는다" 등등, 날 만나기 전까지 몇 군데 유통업체와 거래하다가 힘들었던 사연들을 이야기하며 정말로 제품들을 취급·유통하는 회사인지 직접 눈으로 확인해보고 싶었던 것이리라.

난 그녀들을 2층 우리 사무실로 안내해, 직원들을 인사시킨 후, 퍼펙트필링 외 에스테틱 취급제품들을 보여주고 간략하게 회사 소개까지 했다. 내가 브리핑을 끝내자 그녀들은 안심하는 눈빛이었다. 중국 측 대표가 말했다.

"모든 상황이 만족스럽네요. 퍼펙트필링 샘플 100개 주문하겠습니다."

"맙소사!"

나는 기쁜 마음을 억누르며 포커페이스를 만들었다. 좋은 사업 파트너가 생기는 순간이었다.

물건을 팔 수 있다는 기쁨도 있었지만, 나 역시 그녀들에 대한 정보가 필요했다. 중국 어디로 수입해가고, 어디서 판매하며, 명함에 적힌 한국 사무실도 방문해보고 싶었다. 다행히도 사무실 주소가 집 근처여서 내 차로 함께 그녀들의 사무실도 곧바로 방문할 수 있었다.

강남 근처에 빌딩 한 층을 빌려 교육장을 만들고 법인을 내어 중국에서 K-뷰티를 배우고자 하는 친구들에게 그것을 가르치고, 중국에 있는 에스테틱샵에 제품을 유통하는 회사였다. 한국에서 위브씨앤씨가 하는 역할과 같았다. 그 뒤로 제품을 준비해 100개의 샘플을 판매하고, 그 후로 3개월 사이 필링 제품 하나만으로 8,000만 원 정도의 제품을 판매하게 되었다.

제품을 오더하고 취소하거나 약속을 어기는 경우가 많아 문제가 생기는 경우를 종종 보게 된다. 그래서 제품 주문을 받았을 당시, 난 50%의 선입금을 요구했고, 그 중국인 대표는 흔쾌히 대표실에 있는 금고에서 현금을 꺼내어 내게 바로 결제해줬다. 한마디로 깔끔한 거래였다.

SNS를 꾸준히 한 지 5년, 인스타그램을 운영한 지 3년째 되던 해 여름에 있었던 일이다. 지금도 내가 홍보하는 브랜드 제품들이 인스타그램 DM이나 스마트 스토어 연동으로 꾸준하게 판매되고 있다.

코로나19로 오프라인 상가에 다니기 꺼리는 요즘 같은 시기야말로 아직 시작하지 않으신 분들, 또는 드문드문 시작하시는 분들에게 '인스타그램 마케팅, 꼭 해야만 하지 않겠는가!'라고 외치고 싶다.

탤런트 이태성 씨 어머니 이야기

회사 폰으로 제품을 구매하고 싶은데, 인스타 프로필 링크 연결이 잘 안 된다는 문자 한 통이 왔다. SBS 〈미운우리새끼〉에서 미모 담당을 맡고 계신 탤런트 이태성 씨 어머니셨다. 인스타그램을 통해 내가 홍보하는 제품들을 눈여겨보시다가 에쎌로비앤씨 미스트를 구매하시려는 거였다.

문자를 받고 CS 담당을 하는 남편이 친절히 설명해드렸고, 내가 퇴근해서 들어오자 내게 감사하다는 문자를 넣으라고 연락처를 전달했다. 가끔 SNS를 보고 구매해주시는 연예인분들도 계시지만, 평상시 너무 좋아했던 배우의 어머님이었기에 난 문자로 감사의 인사를 표시하고, 며칠 후 지인들과 안산에서 운영하고 계시는 식당으로 식사하러 가서 직접 만나 뵐 수 있었다. 첫인상은 역시나 편안하고 강단 있으면서 우아한 분이셨다.

그날 일행들과 함께여서 많은 대화를 나누진 못했지만, 눈빛만으로 참 좋은 분이신 것을 알 수 있었다. 한승이를 비롯한 가족들에게 화장품 선물을 전해주고 매일 인스타그램을 통해 소식을 접하고 있다.

얼마 전, 〈불후의 명곡〉 배우 편에 이태성, 성유빈 두 형제가 우승을 차지했다. 10살 터울 두 아들을 키우고 있는 내 입장에서는 그들도 멋졌지만, 그 아들들이 훌륭하게 성장할 수 있도록 묵묵히 지켜보며 손주 한승이까지 돌보는 그들의 어머니가 더 존경스러워 보였다. 그리고 우리 아들들도 저렇게 사이좋고 행복하게 살아가길 간절히 바라게 된다.

세상의 '어머니'라는 이름으로 살아가는 워킹맘들이여, 모두 멋지십니다.

3장.

Sujin's Beauty Life Style

내 인생의 첫 작품이자
첫 브랜드, 페이스모아

"수진아, 나 사업 시작하려고…"

잠자리에 눕는 순간, 남편이 내게 한참을 뜸들이며 이야기를 꺼냈다. IT회사에서 함께 일하고 있는 동료들과 ERP 사업을 하겠다는 것이다. 순간 난 멍해졌고, 잠시 후 가까스로 말을 꺼냈다. "그래. 한번 시작해봐. 정 안되면 내가 떡볶이 장사라도 해야지. 아직 우린 젊잖아" 하며 내심 내키지는 않았지만, 겉으론 아무렇지 않은 듯 그의 뜻에 동의했다.

남편은 9개월가량 아침 일찍부터 새벽까지 열심히 일했지만, 통장에 급여는 한 푼도 들어오지 않았다. 5년의 장사를 마치고 조금은 쉬고 싶었는데, 아무래도 다시 일자리를 찾아 나서야 할 것만 같았다. 그 무렵, 오랜만에 쥬리아 화장품 다닐 때 비서실에 근무했던 동갑내기 친구를 우연히 만나게 되었다. 난 그 친구에게 농담 반 진담 반으로 "○○야, 혹시 나 일할 자리 하나 구할 수 있을까?"라고 취업 자리를 부탁했고, 며칠 후 그 친구의 소개로 미국 에스테틱 브랜드 한국지사 (주)씨에스코리아21에 재취업하게 되었다.

나는 에스테틱 화장품 회사에서 제품 교육실장 겸 관리 매니저로 일하게 되었다. 기존에 내가 알던 화장품 회사보다 깊이 있는 메디컬 스킨 케어를 공부해야 했다. 피부과, 성형외과, 스파, 에스테틱실의 교육을 통해 우리 회사의 제품을 입점시키고 교육하고 홍보하는 일이었다.

대표님께서는 내가 너무 어려워하는 것을 눈치채셨는지, 피부미용 학원을 6개월 이상 회사 비용으로 투자해주셨다. 매일 아침 5시에 기상해서 6시에 일산에서 신사동 사무실로 출근했다. 출근 시간이 8시인 회사라 다른 직원들이 출근할 때까지 학원에서 배운 공부를 복습했다. 대표님도 항상 7시 정도 출근하셔서 매일 전화영어로 공부하는 모습을 보여주셨다. 그래서 체력적으로 힘들다고 투정 부릴 수 있는 상황은 아니었다.

내 업무는 서울을 비롯해 대전, 대구, 부산, 광주, 전주, 제주에서 사업하는 지사들의 매출 관리와 직영점, 전국 병·의원 거래처 관리, 그리고 회사 제품 교육으로 지방 세미나를 진행하러 전국 곳곳을 돌아다녔다. 피부과, 성형외과 에스테틱실을 담당하는 영업사원과 함께 다니며 현장 경험을 쌓았다.

세미나를 준비하기엔 내 교육 스킬이 턱없이 부족하다고 판단하신 대표님은 매일 오후 2시에 카메라 앞에 나를 세워놓고 비디오 촬영을 해가며 3개월 이상 나를 트레이닝하셨다. 한동안은 긴장으로 점심을 먹는 둥 마는 둥 하기도 하고, 급체해서 소화제를 달고 살기도 했다. 스피치 트레이닝 시간이 끝나면 필링 데모프로그램 실기를 연습했다.

에스테틱에 근무한 경험이 없었던 나에게는 실기데모 교육이 훨씬 어려웠다. 6개월 이상 필링과 마사지 실기를 연습한 결과, 고객의 민낯만 보아도 피부 타입 측정이 쉽게 가능해졌고, 거기에 맞는 필링 시술과 홈케어 처방에도 익숙해졌다.

사비를 들여 거래처에 가서 새로운 시술인 CO_2레이저, IPL, 프락셀, 레이저토닝, 보톡스까지도 직접 받아보았다. 얼마만큼의 통증이 느껴지고 얼굴의 변화가 생기는지, 얼마 만에 재생이 진행되는지 등등…. 시술 후 재생 프로그램 효능·효과를 알기 위해 비포, 애프터 사진을 남기고 병원장님들의 도움을 받으며 홈케어 처방 연구까지 하는 등 일에 몰입했다. 당시 압구정 피부과와 성형외과에 굉장히 많이 다닌 기억이 난다.

지금처럼 택배 시스템이 없어서 주문을 받으면 직접 방문해 직원분들 간식도 사다 드리고, 담당자와 식사도 하며 친분을 쌓았고, 병원에 최신 레이저 기계가 도입되면 가끔 데모를 받아가며 피부학 공부에 열심히 시간을 보냈다. 열정적으로 다니다 보니 주위에 도와주시는 분들이 많았다. 그때의 노하우를 바탕으로 지금의 사업을 준비할 수 있었다.

어렵고 힘든 배움이었지만, 내겐 너무 흥미진진했고 매일 새롭게 배우는 지적 욕구와 성취감으로 흥분되기도 했다. 내 피부는 복합성 피부였는데, 그때의 시술 경험과 꾸준한 재생 관리로 지금까지도 나이에 비해 나름 깨끗한 피부를 유지하고 있다.

재생 프로그램에서 제일 인기 있었던 제품은 르뮤의 이지에프 세럼이라는 제품이었는데, 재생 앰플이었다. 성형수술 후 수술 피부 재생 관리부터 레이저 후의 상처, 화상 환자들의 재생 관리까지 병·의원은 물론 종합병원까지 처방하는 곳들도 늘어났다.

제품 성능이 좋은 만큼 가격대도 높은 편이었다. 그 당시 앰플 가격이 30ml에 23만 원대였는데, 30대 초반인 내가 영업하기에도 상당히 높은 가격대였다.

지금이야 생산량이 늘고 직구로 인해 예전보단 합리적인 가격으로 내렸지만, 소비자 입장에서 급하다 싶을 때는 한 번쯤 구매했지만, 지속적인 재구매에는 부담을 느끼는 고객들이 많았다.

나는 이런 제품을 '무난히 부담 없는 가격으로 매일 사용할 수 있는 방법이 없을까?' 고민하다가 난 첫 번째 나의 브랜드로 상표 등록한 페이스모아 시트 마스크팩을 개발하게 되었다.

사업을 하면서 다른 제품회사 제품들을 거래처로 유통하는 일만 7년째! 가격 부담 없으면서 레이저 시술이나 성형 수술 후 효과 좋은 제품을 만들자는 생각에 피부 자극 없는 천연 텐셀 시트지에 이지에프, 알라토인, 베타인 성분 등을 담아 필링이나 레이저 시술을 한 후, 집에서 각질을 제거할 수 있는 가격 부담 없고 부작용 없는 제품을 만들기 위해 노력했다. 제품 샘플이 나오면 피부과로 가서 다양한 레이저 시술로 피부에 자극을 주어 부작용이 있는지 내 얼굴에 곧바로 테스트했다.

나의 첫 작품 페이스모아 시트 마스크

페이스모아 시트 마스크는 출시되자마자 에스테틱 거래처와 호텔 스파 연예인들이 다니는 피부과 성형외과에서도 연락을 주셨다. 너무 감사한 일이었다. 그리고 방송 출연으로 유명세를 타고 계시는 유안 의원의 안지현 원장님이나 조애경 원장님도 먼저 내게 연락을 주셔서 "페이스모아는 사랑입니다"라고 홍보해주셨다.

지금은 소비자분들이 거래처만큼 스마트 스토어 비욘에서 더 많이 찾아주신다. 스마트 스토어 비욘에서 제품을 구매하셨던 분들에게 사은품으로 한 장씩 동봉해 홍보했기 때문이다.

스마트 스토어 비욘에서 구매하신 고객님의 후기

사은품을 써보신 고객분들은,

"사은품 잘 안 쓰는데, 리뷰를 살펴보고 좋은 것 같아 구매했어요"

"레이저 시술 후 피부과에서 1일 1팩으로 사용해보라 해서 구매했어요"

"민감한 피부라 제품 바뀌면 뒤집어지는데, 이건 진정도 너무 잘 되고, 피부가 촉촉해져요" 등의 후기도 남겨주셨다.

고객들의 진심 어린 리뷰가 나의 페이스모아 시트 마스크를 세상에 알려주기 시작했다.

미국, 독일, 중국, 일본에도 많은 수량은 아니지만, 꾸준히 수출 판매되고 있다.

더 좋은 제품을 선보여 보답하는 일이 내 사명이기에 오늘도 난 공부하게 된다.

페이스모아 로제뮤크림

하이앤드 코스메틱을 지향하는 위브씨앤씨 이수진 대표를 처음 만난 것은 지난해 10월이었다. 당시 그는 고등학생 자녀를 둔 학부형이라고는 믿기지 않는 매우 깨끗한 피부로 놀라게 한 바 있다.

그런데 6개월 만에 다시 만난 이 대표의 얼굴에는 불그스름한 의문의 상처 자국이 몇 개 눈에 띄었다. 무슨 일 있었느냐는 질문에 이 대표는 "새로 개발한 마스크팩의 성능을 테스트하기 위해 만든 상처"라며 웃어 보였다.

신제품 '페이스모아' 시트 마스크가 홈케어로써 과연 얼만큼의 효과가 있는지 검증하려고 일부러 필링이나 레이저 시술을 받아가며 얼굴에 상처를 냈다는 것이다.

직접 써본 후 정말 좋다고 느끼는 제품이어야 자신 있게 추천할 수 있다며 자기 몸을 아끼지 않은 이수진 대표, 화장품을 향한 그의 열정은 여전히 뜨거웠다.

–2017.04.13 서울 경제인터뷰 내용 중 –

페이스모아의 두 번째 아이템으로, 에뮤오일 10%에 로즈 앱솔루트를 5% 이상 함유한 로제뮤크림을 출시했고, 세 번째 아이템으로 천연계면활성제 애플워시 외 세 가지 성분만으로 구성된 페이스모아 키즈 애플워시를 출시했다. 그리고 비욘을 대체할 제품을 천천히 차분히 철저하게 준비하고 있다.

지금은 세 가지 아이템만 있지만, 앞으로도 성급하지 않게 하나하나씩 준비해나가고 싶다.

페이스모아 키즈 애플워시

뷰티와 수면의 만남

사업을 하다 보면 참 다양한 직업의 많은 사람들을 만나고 소개받게 된다. 3년 전, S연구소 출신 지인들과 중국 상해 CES박람회에 우연히 참가해보게 되었다. 뷰티에 CES박람회가 어떤 도움을 줄 수 있을까?

전혀 기대치 없이 편안한 마음으로 출장을 나섰는데, 3박 4일 동안의 출장길은 다양한 시각과 사업의 방향성을 바라볼 수 있는 시야가 생기는 시간이었다. 난 상해에서 지인으로부터 소개받은 E회사 S본부장님을 서울에 돌아와서도 여러 번 연락하면서 지내게 되었다. 그는 회사에서 초고속 승진을 한 40대 초반의 스마트한 인재였다. 나보다 한참 어린 나이임에도 불구하고 전국의 오프라인 대리점, 백화점 유통망을 관리해서인지 비즈니스상 배울 게 참 많은 친구였다.

그러던 어느 날, 본부장님이 "대표님, 에스테틱 관리 시 2차 마스크팩 할 때, 베드 위에 타퍼나 기능성 베개를 고객들에게 체험하게 해서 좀 더 퀄리티 높은 서비스를 유통해보는 게 어떨까요?"라고 제안했다.

난 수면에 관한 상식이 전혀 없었던 터라 일단 제안을 보류하고 서점에서 수면 관련 책 다섯 권을 읽으며 공부하기 시작했다. 에스테틱 영업에 도움이 되는지를 알아보아야 했기 때문이다. 에스테틱 관리 내 체험 공간이 수면에 대한 상식을 잘 전달할 수 있을지를 계산해보고, 어느 정도 맞아야 유통할 수 있겠다고 생각했기 때문이다.

일본의 한 침구회사는 실질적으로 일본 모 뷰티 회사와 협업해서 일명 '뷰티 베개'라는 것도 개발해 유통하고 있었다. 난 용기를 내어 한번 도전해보겠다고 했다. 그리고 여러 차례에 걸쳐 수면 교육을 이수했다.

로프티의 기능성 베개 속 구성은 특별했다

잠을 잘 자야 피부가 좋아지는 것은 물론 비만도 예방한다고 한다. 깊은 잠을 잘 때 우리 몸에서는 두 가지 호르몬이 나온다. 살 빼는 호르몬인 성장 호르몬(세포 재생 효과)과 노화 방지 호르몬 멜라토닌(항산화 호르몬)이다. 또 잠을 잘 자야 낮에 활동하기 좋은 인슐린(에너지 호르몬)도 생긴다고 한다. 하지만 요즘 현대인들은 잠을 잘 자지 못하고 있다. 매일 손에서 뗄 수 없는 스마트폰이 그 원인이기도 하다. 스마트폰의 블루라이트가 잠을 방해한다. 또 밤늦게 보게 되는 텔레비전 소리에 민감해져 잠을 못 잔다. 이런 분들은 부족한 잠으로 신경이 예민해지고 머릿속이 맑지 않아 아침에 일어날 때 몸도 개운하지 않다.

그럼, 수면 부족 시 생기는 문제점에 대해 알아보자.
- 기억력 감소(집중력 및 학습 능력 저하)
- 감정 조절 문제(감정을 느끼고 대처하는 능력에 문제 발생, 우울증 유발)
- 당뇨 발생(인슐린 생성 억제, 혈당 대사 방해로 혈당 상승)
- 심장질환 증가(스트레스 호르몬인 코티솔 증가로 심장으로 들어가는 혈관의 압력이 높아져 고혈압, 심장질환 발생 가능성 증가)
- 면역력 저하(면역 관련 항체 감소로 각종 질환에 노출)
- 피부 노화 촉진(코르티솔 증가, 성장 호르몬 분비 저하 등으로 노화 촉진)
- 비만 유발(배부름을 느끼는 호르몬인 렙틴은 감소하고 배고픔을 느끼는 그렐린은 증가)
- 극심한 피로감(뇌, 신체의 피로 회복 문제 발생)

출처 : 수면 과학 연구소

그렇다면 좋은 잠이란 무엇인가?
누구의 도움 없이도 상쾌하게 자발적으로 일어날 수도 있고, 낮에 활동하는 동안 졸리는 현상 없이 활기찬 상태를 유지할 수 있어야 한다.

에스테틱숍에 오시는 고객님들 중에서도 이렇게 불면으로 스트레스를 받거나 육체적 고통을 호소하시는 분들이 많다. 릴렉스하고 싶어 오시는 분들이 방문하다 보니 수면에 도움이 되는 것이 확실했다. 때마침 그 무렵, SNS에 수면 유통에 관한 내 비즈니스 홍보 글을 보고 지방의 한 거래처에서 연락이 와 자연스럽게 첫 번째 유통을 시작하게 되었다.

에스테틱숍에서 피부관리에 들어가기 전, 피부 상담과 더불어 수면 상담을 한다. 그리고 경추 사이즈를 재어 고객에게 맞춤형 수면 베개를 제안하고, 피부관리 프로그램 2차 마스크팩 시간 (15~20분) 사이에 내 몸에 맞는 옷 사이즈를 입듯이 누워 있는 동안 나에게 맞는 맞춤형 베개와 타퍼를 체험하게 한다. 지금 당장보다 앞으로 살아갈 날의 수면 건강을 위해서는 중요한 체험이었다.

내 주위에는 유방암, 갑상선암 수술을 받은 40~50대 여성 환자들이 있다. 대체로 밤에 잠을 못 이루고, 신경이 예민하며 짜증을 많이 내는 성격이었다. 나는 이들에게 수면 환경을 바꾸길 권했고, 그들은 자신에게 맞는 타퍼와 베개를 구입했는데, 다행히 이전보다 숙면할 수 있게 됐다고 이야기했다. 어떤 분은 밤에 잘 수 있게 되었다며 내게 고마움을 전하기도 했다.

슬립앤슬립의 로프티 베개 진열 모습

　사람의 최적 수면시간, 피부의 재생시간은 밤 10시부터 새벽 2시까지라고 한다. 그리고 낮잠을 20~30분 정도 자면 건강에도 좋다는 이야기가 많이 알려져 있다. 뷰티와 수면은 앞으로 더 많이 연관되어 새로운 상품도 많이 나올 것이다. 그래서 난 "뷰티 라이프 스타일을 판다"라고 이야기하고 있다.

좋은 잠을 자기 위한 생활 습관

1. 규칙적인 생활 패턴(낮에는 활기차게, 밤에는 휴식을 취한다)
2. 규칙적인 운동(엔도르핀 상승, 체온 상승, 잠자기 전 4~5시간 전, 자기 전에는 가벼운 스트레칭을 한다)
3. 규칙적인 식습관(비타민·미네랄 섭취, 야식, 과식, 카페인, 니코틴, 알코올을 피하자)
4. 규칙적인 수면 습관(일정한 시각에 기상 및 취침, 주말엔 늦잠보다 낮잠, 30분 이상의 낮잠은 밤잠을 방해할 수 있으므로 자제한다)
5. 편안한 심신 조성하기(스트레칭, 명상, 호흡하고 따뜻한 차, 우유 등을 마신다)
6. 수면 환경 조성하기(실내 온도 16~24도, 실내 습도 45~55%, 이불 속 온도 34~36도로 유지한다. 소음 없는 환경, 핸드폰 TV 등 블루라이트를 자제한다)
7. 따뜻한 물로 샤워하기(샤워 후 체온이 올라갔다가 자연스럽게 떨어지면서 수면에 들어가도록 도움을 준다)
8. 나에게 맞는 침구 사용하기(나의 수면 자세 및 수면 습관, 체형 및 체질, 침실 환경 등에 맞는 침구를 사용한다)

출처 : 수면 과학 연구소

에스테틱에 수면 컨설팅 회사로 유통을 한 지 1년이 채 안 되어 E사의 사정으로 더 이상 비즈니스를 진행할 수가 없었다. 그러나 이번 기회를 통해 뷰티와 수면의 중요성을 인식했고, 지금 이렇게 정보를 공유할 수 있는 것 같다. 수면과 뷰티, 이제는 면역력까지도 너무나 일상생활과 밀접한 관계이므로 건강 관리 잘하길 바란다.

면역력 도서로 박민수 박사의 《저울면역력》을 추천한다.

진로 컨설팅, 혜성국제컨벤션고등학교에서
강의하다

"대표님, 동대문구에 있는 혜성국제컨벤션고등학교에서 뷰티
강연이 가능하냐고 연락왔는데요?"

직원이 내 방 문을 열고 들어와 보고를 했다.

"아, 그래요? 날짜가 언제인데요?

"다음 달 5일이요."

"그날 다른 스케줄 있나요?"

직원은 회사 일정을 체크하고 내게 말했다.

"네, 대표님, 아직은 스케줄이 없습니다."

"그럼 뷰티 강연 진행해보도록 하죠."

난 우리 직원들과 회의 후, 고3 취업 준비 중인 예비 대학생들

을 위해 학교에 가서 무료 강연을 하기로 결정했다. 3학년 전체 학생이 200명 정도 된다고 예상해서 스킨케어의 가장 기본인 클렌징, 각질제거제, 마스크팩, 보습크림을 샘플 통에 담아 직원들과 정성스레 포장했다.

그 당시 큰아들도 고3이었기 때문에 내 아들의 친구라 생각하며 유익하고 정확한 정보를 주고 돌아오자는 마음으로 PPT를 준비했다.

우선, 가장 기본적인 스킨케어 사용법과 화장품 용어에 대해 설명해주고 싶었다. 당일 우리는 여느 때보다 긴장된 마음으

여고생들의 열기가 가득했던 강연장 내 모습

로 조금 일찍 컨벤션고등학교에 도착했다. 학교 강의실에 들어가
니 200명의 여학생들이 옹기종기 앉아 우리를 기다리고 있었다.

강단에 올라서자 반갑게 맞아주는 여고생들의 우렁찬 박수
소리가 나의 긴장을 금방 풀어주었다. 1시간 30분가량 열정적인
강연을 마치고 질문을 받은 후, 강단을 내려오자 여고생 세 명이
나에게 다가와 피부 상담을 요청했고, 난 그 자리에서 미소 지으
며 바로 명쾌한 답을 전했다.

내가 화장품 회사의 뷰티 강연을 듣고 꿈을 키웠듯이, 저 친
구들 중 누군가는 내 모습을 보며 미래 직업에 대한 꿈을 갖길 바
라는 마음에서 친절하고 정성껏 이야기했다. 학생들은 우리가 준
비해간 샘플을 받자 호기심 가득 찬 눈으로 우리 직원들에게도
질문 공세를 퍼부었다. 얼떨결에 함께한 시간이었지만, 잊을 수
없는 추억으로 자리잡았다. 그날 직원들도 환하게 웃고 있어 강
연하길 잘했다고 생각했다.

강연 후 3개월이 지나자, 이렇게 우리 회사와 인연을 맺게 된
컨벤션고등학교 취업 담당자님으로부터 연락이 왔다. 인턴 일을
해보고 싶어하는 친구가 있어 추천하고 싶다는 것이다. 우리도
디자인하는 친구가 필요하던 차였기에 그 친구는 9개월가량 근
무하게 했다.

키는 170cm의 늘씬하고 청순한 외모의 희선 씨는 먼저 입사한 다른 선배 직원들에게도 공손하고 예의 바르게 회사생활에 잘 적응했다. 희선 씨는 당시 선배 직원들과 카카오스토리, 인스타그램, 페이스북, 블로그에 SNS 화장품 홍보 글과 일러스트를 담당했다. 학교에서 배운 포토샵 실력으로 쇼핑몰 관리 중 이벤트 소식으로도 많은 일을 감각 있게 잘 해냈다.

내가 만든 페이스모아 시트 마스크팩도 희선 씨와 우리 직원들이 아이디어를 내어 만든 작품이기도 하다. 그 당시, 독일 비욘에서 사용하는 이미지에 글씨와 문구를 제작해서 만든 작품이다.

전문 에스테티션에게 제품 교육하는 모습

많은 분들이 마스크팩 디자인에 대해 바꾸라고 조언했지만, 난 이 디자인이 직원들의 정성과 애정이 들어 있는 작품이라 생각해서 아직 바꾸지 않고 있다. 그만큼 애정이 남다르다.

진로나 취업 고민

을 하는 친구들에게 더 많은 경험과 노하우를 전하고 싶어 지금 책을 쓰고 있는 지도 모르겠다. 무엇이든 헛된 경험은 없다는 교훈을 얻은 시간이었다.

워킹우먼의 취미 활동은 생각하는 힘을 길러주는 힐링 타임과 같다

　내게는 두 가지의 취미가 있다. 바로 운동과 요리다. 식품영양학을 전공해서 배웠다기보단 빡빡한 시집살이 덕에 요리를 2년 정도 배웠고, 매일 음식을 만들다 보니 어느 순간부터 내가 좋아하는 취미가 되었다.

시부모님과 같은 아파트의 같은 동에 살아서 집 반찬을 자주 해야 할 일이 많았다. 하루는 이마트의 큰 노란 장바구니에 장을 가득 보고 오다 1층 엘리베이터에서 큰아이 친구의 학부모를 만났는데, "왜 이리 장을 자주 많이 봐요?" 하며 내가 과소비라도 한 듯 위아래 눈을 흘겨보며 다짜고짜 물었다. 내 입장에서 굳이 대답할 가치는 없었지만, "저희 시부모님이 같은 동에 사셔서 반찬 만들어 가져다드리거든요"라고 말했다. 나중에 들은 얘기지만, 그분은 내가 자주 마트 장 보는 모습을 보고 '낭비 심한 여자'라고 생각했다고 한다.

나는 요리를 잘하고 싶어 문화센터에 등록해 2년 정도 요리를 배웠고, 요리책이나 EBS의 요리 채널을 즐겨보았으며, 네이버 인플루언서의 요리 레시피도 따라서 만들어보았다. 요즘은 유튜브로도 배우게 된다. 신선한 재료를 준비하고 준비한 재료를 하나하나 손질하며 조리해가는 과정, 그리고 완성 후 예쁜 접시에 플레이팅해서 식탁에 올리기까지의 과정이 재미있고 뿌듯했다. 무엇보다 내가 만든 음식을 식구들이 잘 먹어준 것만으로도 너무 기쁘다.

여수에 사시는 엄마가 매달 생선과 김치를 보내주시면, 그 고마움에 맛있게 요리를 만들어 인증 사진을 찍고 SNS에 올려 자랑하기도 했다. 장을 보고 재료 손질하고 음식을 만들며 예쁜 그릇에 올려지기까지의 과정이 내겐 '생각 정리의 시간'이기도 하다.

난 될 수 있는 한 아침 식탁에 고등어나 조기 등의 생선을 구워 밥상에 올렸다. 아이의 두뇌 발달에 좋다 하니 엄마로서 그 정도쯤이야 했다. 피부 전문가로 한마디 더 한다면, 내 몸 안에 들어가는 음식이 좋아야 건강과 피부도 좋다.

과일과 채소를 즐기고 제철 음식을 만들어 섭취하는 일이 워킹맘으로서의 책임이라는 생각에 항상 신경 쓰고 있다. 영양제 챙기는 것보다 제철에 나는 재료로 장 봐서 골고루 차려진 음식이 몸엔 더 좋다고 생각하기 때문이다.

결혼생활을 하면서 여러 요인으로 화병이 생긴 나는 집에 가만히 있지를 못했다. 무언가를 배우거나 누군가를 만나러 다니는 걸 좋아했다. 일산에 오래 살았기 때문에 풍경 좋은 호수공원이나 정발산을 다니는 시간은 자연을 벗 삼아 사계절을 느낄 수 있는 축복 같은 시간이었다.

난 거의 매일 운동하러 나갔다. 처음엔 지인들과 두세 명 모여 다니다가 어느 순간 시간을 맞춰서 무언가를 하는 일이 쉽지 않음을 깨닫고 혼자 걷기 운동을 하기 시작했다. 날씨와 상관없이 꿋꿋하게 몇 년째 운동하고 있다. 그 습관은 새로운 곳을 찾아다니기에도 너무나 좋은 습관이었다.

지방 출장이 많은 나는 미리 스마트폰으로 그 지역의 유명지,

서점, 맛집, 숙소까지 검색해 나 홀로 다니기 시작했다. 덕분에 복잡한 생각들이 정리되는 사색의 시간을 즐길 수 있다. 다녀오고 나면 스케줄대로 움직였다는 성취감과 뿌듯함, 그리고 더 많은 아이디어가 생겼다.

사업을 하고 있기에 내 몸 관리의 중요성은 너무나 잘 알고 있다. 사실 바쁘고 피곤할 때는 너무나 귀찮다. 그러나 건강해야만 내가 하고자 하는 일을 할 수 있으니 일상생활 속 운동은 필수다. 저녁을 먹고 텔레비전을 보며 실내자전거를 타는 것에도 익숙해져 간다. 40분가량 자전거를 타고 나면 저녁에 먹은 음식이 소화된다.

그리고 난 걷기를 사랑한다. 내가 살던 곳 주변에는 걷기 좋은 공원들이 있었다. 일산 호수공원, 잠원 한강시민공원, 김포 라베니체 등 겨울을 제외하고 봄, 여름, 가을에는 일부러 걷기 위해 시간을 보낸다. 꾸준히 하다 보면 체중 감량도 되고 뱃살도 빠진다. 무엇보다 걸으면서 복잡한 머릿속이 정리된다.

내 몸은 내가 관리해야 한다. 요즘은 아파트 단지 내 커뮤니티센터에서 주 3~4회 헬스도 하고 있다. 이번엔 PT를 받으며 몸을 만들고 있다. 내 나이 쉰 살 전에 멋진 바디 프로필을 남기고 싶다.

지금까지 50년이라는 세월을 나로 살아준 내 몸을 위해 '건강
의미'를 새기고, 기록으로 남기고 싶다. 무엇보다도, 80세까지는
일하겠다는 마음을 먹고 열심히 살아가는 내 의지이기도 하다.

건강해야 비즈니스도 오래할 수 있기 때문이다.

에스테틱 전문 잡지 〈BI〉 뷰티 컬럼 제의로 글쓰기 기회를 얻다

네이버 스토어팜에서 스마트 스토어로 명칭이 바뀔 때 즈음, 우리 회사는 에스테틱 원장님들을 대상으로 인스타그램 마케팅과 스마트 스토어 마케팅 관련 소규모 세미나를 개최하면서 4주짜리 프로그램을 홍보했다.

그때 나의 SNS 홍보 게시물을 보고 〈BI〉 대표님께서 전화를 주셨다.

"이 대표님, 위브 세미나 하시던데, 저희 잡지에서 현장취재 나가려고요. 가능하면 대표님 인터뷰도 좀 할게요."

"어머나, 대표님 그렇게 해주시면 정말로 감사하죠. 세미나 날 뵙겠습니다."

우리 회사는 소규모 세미나를 준비하는 중이라 큰 기대를 안 했는데, 〈BI〉 매거진에서 취재와 인터뷰를 해주신다는 소식에 감사했다.

내가 비욘을 론칭할 때도 가장 먼저 우리 회사에 찾아와주신 분이셨고, 사적으로 친해지면서 알게 되었는데, 두 아들을 둔 워킹맘이시기도 했다. 장 대표님과 나는 나름의 공통점이 있어서인지 어느 순간부터 파트너로서 잘 협업하는 사이가 되었다.

세미나 날은 외부 강사를 불러 내가 전하고자 하는 메시지를 전달한 후, 이론은 간단하게 포인트만 정리하고 실전에서 바로 사용할 수 있는 실습 위주로 진행했다.

서울과 지방에서 오신 10여 분의 원장님들은 열심히 집중했고, 그 자리에서 SNS 글쓰기를 배우고 바로 인스타, 페이스북 포스팅과 라이브를 실습했다. 그중 절반 이상은 스마트 스토어 제작을 바로 우리 회사에 맡겨 지금까지 운영하고 있다. 또한, SNS 마케팅 교육을 진행하기도 했다.

숍 원장님들을 모시고 SNS 마케팅과 제품 교육을 진행할 때 모습

　　이런 상황들을 지켜보던 2020년 1월의 어느 날, 〈BI〉 대표님은 내게 본인의 잡지에 SNS 마케팅과 숍 마케팅에 대해서 컬럼을 써달라고 제안했다. 난 너무 기쁜 마음으로 그 제안에 응했고, 1년 가까이 컬럼을 기고하고 있다. 객관적이면서 유익한 정보를 전달해야 하기에 나 스스로 더 공부할 수 있게 만들었고, 전문가로서의 삶을 안겨주고 있는 것 같다.

　　기회를 주신 〈BI〉의 장 대표님께 정말 감사하다.

화장품 회사 컨설팅을 하면서
느낀 점

7년 전, 갑자기 나에게 연락해서 만나기를 요청한 아리따운 여성 고객 한 분이 계셨다. 대기업을 운영하고 계시는 아버지 밑에서 근무하고 있던 그녀는 생활의 여유가 있고 참 교양 있어 보였다. 난 연락을 받고 편안한 마음으로 나갔다. 백화점에서 만났는데, 함께 간단한 점심을 먹고 VIP 라운지에 가서 일 이야기를 하기 시작했다. 나는 그날 대한민국 제일 부자동네의 백화점 VIP 룸을 가게 되어 그곳의 특별함을 난생처음으로 경험하게 되었다.

그녀는 화장품 회사를 만들고 싶은데, 어떤 것부터 시작해야 할지 모른다고 했다. 난 그녀에게 화장품 제조의 기획, 제조, 유통까지의 프로세스를 간단하게 2시간가량 이야기했다. 나는 성격상 거짓말도 잘 못하고, 계산속도 약한지라 그녀는 내 이야기를 듣고 함께 가보자고 제안했다. 그녀와 헤어진 후 생각이 많아졌다. 참 밑바닥부터 배워서 하나씩 쌓아 올린 나의 실력이 그래도 이렇게 쓸모가 있구나 싶었다.

책을 쓰거나 강의를 시작할 때, 경험은 한 꼭지의 소재로 추가되곤 했다. 일의 성사와 관계없이 그 뒤로 난 가정주부, 경력 단절 여성, 초보 사업가들이 조언을 구하고 상담하고 싶어하면 기꺼이 시간을 내주었다. '바쁜데 굳이 나가서 왜 만나느냐?'라고 이야기하시는 분들도 계셨지만, 그들과의 대화 속에서 난 내 경력을 추가할 수 있는 아이디어를 얻게 되었고, 나 자신에게 끊임없는 자극이 되기도 했다.

그 여성분과의 비즈니스는 컨설팅 단계에서 그녀의 본업이 바빠져 포기하는 상황이 되었다. 아쉽기는 했지만 난 그때 컨설팅 프로세스를 제대로 읽을 기회를 얻은 것으로 만족한다.

1년 전, 한 전업주부에게 카카오 스토리를 통해 회사로 연락이 왔다. 그녀는 사회에 다시 나오고 싶은데, 막막하다며 나와의 미팅을 요청했다. 그녀의 간곡한 부탁으로 난 시흥까지 가서 그녀를 만나게 되었다. 경력 단절이 너무 오래되어 일하고 싶은데 나설 용기가 나지 않는다고 핑계 많은 사연을 내게 1시간에 걸쳐 이야기했다. 그녀가 나를 만나 보고 싶어 했던 이유는 '돈은 벌고 싶은데 용기가 나지 않는 것'과 '스마트 스토어를 하고 싶은데, 과연 잘할 수 있을까?' 하는 걱정이었다.

시작도 하기 전에 걱정이 이만저만이 아니었다. 내가 보기엔 너무 빈약한 핑계로만 보였다. 간절함도 없어 보였다. 그리고 1년이란 시간이 지나고 그녀는 며칠 전, 다시 내게 연락했다. 내키지는 않았지만, 마지 못해 알겠다며 난 바쁜 시간을 쪼개 다시 만나기로 날짜를 잡았다. 그런데 약속 하루 전, 급한 볼일이 있다며 약속을 취소했다. 이유가 아이들 독감 주사 맞히러 가야 한다는 것이었다.

그녀에겐 여전히 간절함은 없었고 일의 우선순위, 선약의 중요성을 알지 못했다. 비즈니스 약속을 깰 때는 상대방의 시간도 버릴 수 있다는 걸 인지하고 결정해야 하는데, 그런 개념이 별로 없는 듯해 보였다. 할 일 다 하고 과연 비즈니스를 잘할 수 있을까?

내 경험상 일부분의 성과를 얻으려면 다른 일부분은 포기해야 한다. 그만큼 뭔가를 얻기 위해서는 최선을 다해야 한다는 것이다. 내가 경력 단절의 분들을 만나는 것은 사회에 나오길 두려워하는 그녀들이 내 조언과 격려를 통해 열심히 살아갈 수 있다는 자신감이 생기길 바래서다. 아마 대한민국 경력 단절 여성들 대부분의 고민일 테니까….

경험에서 얻은
뷰티 영업의 노하우 대 방출

경력 단절을 극복하고 다시 사회로 나올 때, 난 전 회사의 대표님께 일할 기회를 부탁했고, 본격적으로 영업을 하기 시작했다. 그 당시, 친한 언니가 보험회사의 설계사로 근무할 때라 난 언니에게 부탁해 ○○생명 지점장님을 소개받을 수 있었다.

그분은 고졸 후 회사 경리부터 시작해 탄탄히 사회 경험을 쌓으면서 대학 졸업을 했고, 지금은 최연소 여자 지점장님이 되신 능력자이셨다. 인사를 드리러 간 첫날, 지점장님은 나를 반갑게 맞아주었고, 난 간단한 자기소개를 한 후, 이 자리에 온 목적을 말씀드렸다.

"지점장님, VIP 고객님들 선물로 제가 취급하는 제품을 소개해드리고 싶어 왔어요."

그분은 내 이야기를 1시간가량 들으신 후, 내게 40대 이상 여자 고객님들에게 선물할 미백 제품을 추천해주길 원하셨다. 그리고 그 제품들을 선물 포장해서 샘플을 가지고 다시 방문하라고 말씀해주셨다.

내게는 미리 제작해놓은 위브씨앤씨 로고가 박힌 골드 컬러의 박스가 있었기 때문에 백화점 선물 포장 코너에 가서 포장 전문가와 상의 후, 샘플 박스 하나를 포장해왔다. 역시 전문가의 손길은 고급스러웠고 굉장히 만족스러웠다.

그리고 며칠 후, 나는 다시 지점장님을 찾아뵈었다. 그분은 내가 만든 샘플 박스를 아주 만족해하셨고, 300만 원이 넘는 금액을 법인카드로 바로 결제해주셨다. 나의 첫 영업은 그렇게 시작되었다.

내 고객은 B2B*, B2C*로 크게 나뉜다.

*B2B (business – to – business)
기업과 기업의 거래 , 기업 대 기업

*B2C (business – to – consumer) :
기업과 개인의 거래 , 기업 대 소비자 (business to Client), 기업이 각종 서비스나 물품을 소비자에게 판매하는 형태

사업하는 동안 다양한 유통의 판매 형태도 바라볼 수 있었다. 고정적인 거래는 힘들었지만, 간혹 판촉물을 필요로 하는 특판사업은 개인 고객보다 한 번에 구매하는 수량이 크기 때문에 대표자와의 신뢰가 쌓인다면 기회는 무한하다.

나는 거짓말을 잘하지 못하는 편이다. 너무 솔직해서 손해 보는 경우도 많다. 하지만 그 솔직함 때문에 거래처에서는 나를 믿어주었고, 비즈니스에서는 더 많은 기회를 얻을 수 있었다. 무조건 제품만 판매하는 게 목적이 아니라, 피부 측정 후 필요한 제품을 추천해주는 방식으로 고객님들의 신뢰를 얻었다. 얼굴 한 번 보지 못한 블로그 고객님, 인스타그램 고객님, 카카오 스토리 고객님, 페이스북 고객님 등 온라인상 고객들은 나의 일상을 믿어주시며 꾸준히 거래해주셨다.

매일 올리는 포스팅으로 나의 성실성을 인정해주신 거다. 그리고 나는 누구를 만나든 상대방이 궁금해서 먼저 물어보기 전까지 화장품 이야기를 먼저 꺼내지 않는다. 그게 내 영업 방식의 기본인 것 같다. 기본에 충실하게 살아가자.

2020년 11월 19일 목요일, 오전 10시 40분경에 카카오톡으로 문자 한 통이 왔다.

김린 작가 : 대표님, 안녕하세요? 카카오톡 보니 내일 생일이라 택배 하나 보내어요. 모르는 택배오면 놀라실까 봐 미리 이야기하는 거예요.

이수진대표 : 작가님, 잘 지내셨죠? 어머, 너무 감사합니다. 잘 받아보고 연락드리겠습니다.

그리고 다음 날 도착한 택배 상자 안에는 강원국 작가의 《나는 말하듯이 쓴다》와 생일카드 한 장이 담겨 있었다. 서점에서 살까 말까 고민했던 책이었는데 너무 반가웠다. 사실 얼굴 한 번 본 적이 없는 김린 작가님은 인친, 페친으로 3년째 지인이다. 우리 사이트에서 화장품을 구매하는 단골 고객이 되면서 나와 전화번호도 주고 받고 서로를 응원하는 사이가 되었다. 그런 그녀가 내 생일을 알고 미리 서프라이즈로 축하해주려는 마음 씀씀이에 더 감동했다. 그리고 생일카드 한 장이 더 열심히 살아가야 하는 이유가 되었다.

대표님 생일을 축하드립니다.
늘 건강하시고, 행복하기를 기원합니다.
사업도 더욱 번창하시고 하시는 모든 일들이
잘 되기를 바랍니다.
글(피드)을 올리면 항상 제일 먼저 좋아요를 눌러주시는 대표님의 마음에 감사드립니다.
다시 한 번 생일 축하드립니다.
그럼 잘 지내시길 바랍니다.

김린 배상

카드를 읽는 순간, 타인을 위한 관심과 배려심을 본받게 되었고, 이 정도면 나란 사람 참 '인복 많은 여자'라는 생각도 들었다. 진심으로 감사합니다.

177

뷰티 전문가들이
가장 많이 듣게 되는 25문 25답

Q1. 화장품 구매 시 사용 기한, 또는 개봉 후 사용 기간은 어떻게 되나요?

A1. 보통 화장품 케이스에 하단 부분을 보시면 '2022년 12월 30일까지' 이런 식으로 표기가 되어 있는데, 화장품을 개봉하지 않은 상태에서는 생산일로부터 보통 3년 정도는 안전합니다. 화장품 내용물이 개봉되어 있는 경우는 6~12개월 이내 사용하시는 게 안전합니다.

Q2. 브랜드가 같은 화장품을 사용하는 게 좋은가요? 아니면 다른 브랜드 제품과 섞어 써도 상관없나요?

A 2. 브랜드마다 강조하는 메인 성분의 함량이나 향이 다르므로 다른 브랜드 제품을 섞어서 사용할 때는 약간의 부작용이 있을 수 있습니다. 스킨, 아이크림, 넥크림 정도는 각각 다른 브랜드의 단품을 사용하더라도 에센스나 크림류는 같은 브랜드 라인을 사용하는 것이 좋습니다.

Q 3. 아이가 두 살인데 아토피가 심해요. 세안할 때, 어떤 걸 사용해야 할까요?

A 3. 아기의 피부는 아주 연약한 상태입니다. 세안할 때 사용하는 첫 번째 클렌저가 중요한 시기이기도 합니다. 아기 피부에 자극 없는 젤 타입 클렌저, 폼 타입의 클렌저를 추천해드립니다. 천연계면활성제인 애플워시가 함유된 제품을 추천합니다. 방부제 성분이나 화학적 성분이 함유된 제품은 아무래도 연약한 아기 피부에 자극적이기 때문이죠. 안전한 약산성 (pH 4~6) 세안제를 권장합니다.

Q 4. 화장품 사용하고 피부에 안 맞거나 트러블이 생긴 경우는 어떻게 해야 하나요?

A 4. 일단 화장품을 발라서 따갑거나 트러블이 생긴다면, 사용하고 계신 화장품의 사용을 당장 멈추는 게 우선입니다. 그리

고 진정시킬 수 있도록 2~3일 정도의 시간적 여유를 가지세요. 피부가 진정되고 다시 사용해봐서 문제가 없다면 그대로 사용하시고, 문제가 생긴다면 그 화장품은 맞지 않은 제품이니 사용하시면 안 됩니다. 사실 이런 부분들을 체크하기 위해 패치테스트*를 하기도 합니다.

*패치테스트란?
향료, 색소, 특수성분 등이 피부에 미치는 자극성을 시험하기 위한 테스트. 테스트 약액이나 화장품을 천 조각에 칠하고 피부의 부드러운 부분(일반적으로는 윗 팔 안쪽)에 붙여 24~72시간 정도 방치해 가려움이나 물집이 없는가를 조사한다. 파마액이나 염모제 등을 사용할 때 많이 행해진다. (출처 : 네이버 지식백과)

이런 경우는 대부분 피부 장벽이 무너진 문제성 피부에 주로 나타나는 현상이므로, 화장품 전문가와 꼭 상담해보시길 바랍니다.

Q 5. 천연 화장품이라고 하는데, 왜 천연이라는 문구가 들어가나요?

A 5. 중량 기준으로 천연 함량이 전체 제품의 95% 이상 구성되어야 천연 화장품이라고 합니다. 그만큼 천연 성분이 많이 함유된 안전한 제품이라고 보시면 됩니다.

Q6. 선크림(자외선차단제)을 바르고 안 바르고의 차이가 크게 나
나요?

A6. 피부에 자극을 주는 가장 큰 원인 중 하나가 자외선입니다.
자외선에 오래 노출되면 홍반 증상이 나타나고, 심할 경우
화상을 입기도 합니다. 자외선은 일상 생활에 노출되는 빈도
가 가장 많으므로 자외선의 영향으로 생기는 부작용도 많다
고 보시면 됩니다(예 : 기미, 주근깨, 색소, 점, 주름 등). 그래서 선
크림은 365일 매일 사용해주시는 게 좋습니다. 자외선이 아
주 강한 시간 오전 10시에서 오후 3시, 그 외 시간도 자주 덧
발라 피부를 보호해주는 게 좋습니다. 덧바를 때는 선크림
타입보다 선스틱이나 선스프레이 타입, 선쿠션, 선파우더 타
입을 사용해주시는 게 좋습니다.

Q7. 화장품 바르는 순서를 지켜야 한다면, 순서는 어떻게 되나요?

A7. 화장품의 흡수율을 좋게 하기 위해서는 입자가 작은 순서의
제품부터 사용하시는 게 효과적입니다. 스킨 〉 아이크림 〉
에센스 〉 수분크림(영양크림) 〉 선크림 〉 비비크림 순서로 사
용하세요. 1분 정도씩 간격을 두고 바르면 흡수율이 훨씬 좋
습니다. 보통은 스킨 다음에 에센스를 바르는 것이라고 아
실 텐데요. 에센스 전 단계에 아이크림을 먼저 바르는 이유

는 대부분 토너에 알코올 성분이 함유되어 있으므로 예민할 수 있는 눈을 먼저 보호하는 아이크림부터 사용을 권하는 것입니다.

Q8. 레이저 관리 후, 피부가 많이 당길 때 쓸 수 있는 화장품은?

A8. 레이저 치료는 광선을 이용한 치료로, 기계마다 다르게 표피, 진피층까지 깊은 자극을 주어 피부의 멜라닌 색소를 제거하거나 진피층의 새로운 살이 재생되게 하거나 리프팅의 시너지 효과를 기대하는 측면에서 많이 사용됩니다. 피부에 강하게 자극을 주기 때문에 피부는 바짝바짝 타는 느낌처럼 당기고 건조해지기에 레이저 후에는 진정 케어가 필요합니다. 재생과 보습 관리에 신경을 많이 쓴다면, 깨끗하고 건강한 피부를 유지하실 수 있습니다. 페이스모아 시트마스크를 붙이고 20분 정도 진정시킨 후, 재생 세럼 〉재생크림 〉썬크림 단계로 홈케어를 하시면 됩니다.

Q9. 30대 중반입니다. 요즘 야근을 많이 해서인지 다크서클이 생기거든요. 어떻게 관리하면 좋을까요?

A9. 우리 피부 중 피지선이 없고 피부조직이 가장 약한 부위가

눈가와 입가입니다. 그래서 눈가주름 예방으로 아이크림 사용을 권장하는데요. 아이크림을 바르고 눈 밑의 다크서클을 엄지와 검지로 잡고 손에 힘을 뺀 상태에서 눈 주변을 따라 눈머리에서 눈꼬리를 향해 부드럽게 주물러서 풀어줍니다. 그 후, 다크서클을 문지르고 검지와 중지를 이용해 눈 주변을 문질러줍니다.* 아침저녁으로 기초 화장품을 바를 때 습관화해보세요. 눈머리에서 관자놀이까지, 눈썹에서 관자놀이까지 부드럽게 문질러 셀프 마사지를 하면 개선되는 효과를 얻을 수 있습니다.

*승읍 : 눈 밑의 다크서클을 개선하는 경혈

승읍은 검은자 위 바로 아래에 있는 경혈로, 눈의 피로와 충혈 등 눈에 관련된 전반적인 증상에 효과를 발휘한다. 검지와 중지를 대고 부드럽게, 그리고 천천히 눌러주자. 단 안구를 누르지 않도록 한다.

《작은 얼굴 다이어트》, 와타나베 게이코

Q 10. 여드름 피부로 고민 중인데 집에서 간단하게 사용할 수 있는 홈케어로 MTS를 추천받았습니다. MTS는 의료기기가 아닌가요?

A 10. MTS(Microneedle Therapy System)는 약물 침투용으로 개발되기는 했지만, 화장품 흡수용으로도 사용이 가능하기에 미용기기로도 활용할 수 있습니다. 니들 길이 0.5mm 이하로

도 피부 진피층까지 미세통로를 만들어 화장품 흡수 효과를 최대 40배까지 끌어올리고, 니들 길이가 0.5㎜ 이상인 경우, 모공이나 주름 그리고 흉터나 트러블 관리에 사용됩니다.

Q 11. MTS의 부작용은 없나요?

A 11. 금속 알레르기가 있는 경우를 제외하고는 미세 니들 때문에 따끔거린다는 점이 부작용이라면 부작용일 수 있겠네요. 화학적이나 전기적인 자극이 아니라 물리적으로 최소한의 자극을 피부에 주기 때문에 부작용이 상대적으로 적을 수밖에 없습니다. 반복적인 필링이 피부 장벽을 약화시킨다면, MTS는 오히려 피부 장벽을 강화시키는 효과가 있습니다.

Q 12. 니들의 두께는 어느 정도인가요?

A 12. 평균 32g 수준으로 0.19㎜ 정도라고 보시면 되는데, 이는 일반적인 주삿바늘의 10분의 1 정도로, 아주 미세하게 가공되었기에 피부 자극과 통증은 최소화하고 피부 재생 주기를 단축시켜 정기적인 사용이 가능해요.

Q 13. MTS와 함께 쓰면 좋은 화장품을 추천해주세요.

A 13. 워낙 다양한 용도로 사용되기에 사용 목적에 따라 두피 관리인 경우는 두피 앰플을 쓰시고, 주름 관리인 경우는 펩타이드 앰플류를 바르고 재생크림을 덧발라주세요. 모공이나 여드름 흉터의 경우 피지 조절 성분 함유 앰플을, 미백을 위해서는 비타민 C앰플이 효과적이에요. 이외에도 집에서 본인 피부에 잘 맞는 앰플이나 세럼을 사용할 때 MTS를 사용해 흡수율을 올려줄 수 있어요.

Q 14. 잔주름 홈케어는 어떻게 할까요?

A 14. 30대에 들어서면 서서히 찾아오는 잔주름(이마, 미간, 목, 눈가, 입가주름)을 고민하시는 분들이 많습니다. 본격적인 노화 진행이 시작되는 시기이기 때문이죠. 보습 베이직 케어(스킨+에센스)에 기능성 제품(아이크림, 립크림, 넥크림)이 필요할 때입니다. 매일 아침저녁으로 아이크림, 립크림, 넥크림을 바르면서 꾸준히 핸들링한다면 주름 케어를 안 하는 것보다 훨씬 좋아질 겁니다. 요즘은 남성 피부 관리에서도 이러한 기능성 제품을 선호하는 비율이 늘어나는 것만 보아도 알 수 있죠. 20대 들어서면서 바르기 시작한 아이크림을 30년 가까이 바르고 있는 저만 봐도 또래보다 주름이 없습니다.

Q 15. 자외선에 노출로 썬번(SUNBURN)이 일어났을 때, 집에서 할 수 있는 응급 처치 방법이 있나요?

A 15. 썬번 현상은 주로 야외활동이나 해변가에 다녀와서 발생하는 증상입니다. 예전에는 보통 냉장고에 있는 오이를 얇게 썰어 빨갛게 익은 얼굴 부위에 천연팩을 하거나 알로에로 많이 진정시켰죠? 그렇다면 요즘은 어떻게 하는 것이 현명할까요? 평상시 진정·재생 성분이 함유된 시트 마스크팩을 냉장고 넣어두었다가 15~20분 정도 붙이시고 수분(진정)크림을 평소보다 많이 올려 흡수시키면 탁월한 진정 효과가 있습니다. 바디에도 마찬가지로 냉타올 찜질 후, 진정크림을 바르고 바디 전용 고무 마스크를 15~20분 정도 바르고 계시면, 빨리 진정되는 것을 느낄 수 있습니다.

Q 16. 베트남에 살고 있는 40대 중반의 교포입니다. 더운 나라에 산 지 10년이 넘어서인지 나이가 들수록 모공이 너무 넓어져요. 모공 관리, 어떻게 해야 하나요?

A 16. 40대 이후 노화 현상 중 하나가 피부 탄력이 떨어지고 모공이 넓어지는 현상이 두드러지죠. 진피층의 콜라겐과 엘라스틴 섬유질 조직이 느슨해지면서 생기는 증상이기도 합니다. 날씨가 더울수록 모공은 넓어지고 모공 속 피지나 노폐

물이 쌓여 뾰루지가 생기기 쉽고 블랙헤드가 생기기도 합니다. 홈케어로 간단하게 할 수 있는 방법을 소개한다면, 세안 후 스팀타월을 이용해 모공을 열어주세요. 그리고 폼클렌징 제품을 바르시고 진동클렌저를 이용해 모공 속 노폐물이나 미세먼지 등을 청소해주세요. 그다음, 딥클렌징을 5~10분 정도 바른 후 자극 없이 롤링해서 깨끗이 지워주세요(주 1~2회 관리해주시면 좋아요). 다시 세안 후 수분 팩이나 시트 마스크팩을 15~20분 정도 붙이고, 수분크림이나 재생크림을 발라주면 말끔해진답니다.

*탄산수 세안법
폼클렌저 사용 후 탄산수를 이용해 깨끗이 씻어내면 탄산수 안에 들어 있는 탄산 기포가 모공 깊이 박혀 있는 노폐물과 블랙헤드를 깨끗이 제거해 모공을 수축시키며 수분을 채워줍니다. 피부 속 산소 농도가 높아져 피부 톤이 맑아지는 것은 물론, 노화 방지와 항산화 효과로 피부 나이도 젊어집니다.

출처 : 《나는 당신이 오래오래 예뻤으면 좋겠습니다》, 강현영

Q 17. 겨울철 실내가 건조해서 미스트를 수시로 뿌리는데요, 미스트를 쓰면 쓸수록 건조해지는 거 같아요. 계속 사용해도 될까요?

A 17. 시중에 나와 있는 미스트 전성분표를 보면 쿨링 효과를 내기 위해 알코올 성분이나 대체 성분이 함유된 제품을 발견

할 수 있을 거예요. 그래서 바르면 바를수록 건조함을 더 느끼는 거죠. 제가 판매하고 있는 에스테틱 전문 제품 중 허가받은 온천수를 넣어 만든 미스트가 있는데, 이 제품이 국·내외에서 사랑받는 이유를 살펴봤더니 온천수 함유로 천연보호막을 보호하고, 사용 후 부드럽고 촉촉한 영양분이 함유되어 고객님들이 사용하셨을 때 피부가 매끄러워짐을 느끼게 해준다고 합니다. 성분과 용기 분사력에 따라 미스트는 피부에 사용감이 많이 다르므로 내게 맞는 제품을 잘 찾아보시기 바랍니다.

Q 18. 고등학생입니다. 메이크업을 하고 학교에 다니는 편이에요. 하루에 세수를 몇 번 어떻게 하는 게 좋을까요?

A 18. 요즘은 초등학교 고학년만 되어도 비비, 쿠션, 틴트, 마스카라, 아이라이너, 아이섀도 등 색조 메이크업을 자유롭게 즐기는 편이더라고요. 일단 세안은 아침저녁으로 하루 두 번 일상적으로 하는 게 맞습니다. 아침에는 약산성 폼클렌저를 이용해 노폐물 제거를 해주시고, 저녁에는 클렌징로션(포인트 메이크업 리무버)으로 메이크업을 지우고, 젤타입 클렌저로 한 번 더 씻어주세요(이중 세안 필요).

Q 19. 세안 후, 건성 피부와 지성 피부에 알맞은 관리법은 무엇인 가요?

A 19. 세안 후 피부 표면이 건조해 굉장히 당긴다면 건성 피부이고, 세안 후 완성한 피지 분비로 피부가 번들거리는 느낌이 든다면 지성 피부라고 할 수 있어요. 건성 피부는 7스킨법을 권하고, 지성 피부는 수분팩 케어를 추천합니다.

Q 20. 7스킨법을 하라는데, 그렇게 스킨을 여러 번 자주 하는 게 좋나요?

A 20. 7스킨법은 건성 피부에 강력 추천해요. 특히 겨울철, 피부 속이 심하게 땅기거나 갈라지는 느낌의 피부에 권합니다. 본인에게 맞는 스킨을 구입해서 화장솜에 겹겹이 적신 후, 일곱 번 바르는 방법이 포인트랍니다. 그리고 마무리로 수분크림을 한 번 더 발라주시면 보습의 끝판왕이 되겠죠?

Q 21. 화장 직전에 바르면 화장에 도움을 줄 수 있는 피부 아이템에 어떤 것이 있을까요?

A 21. 요즘 〈나 혼자 산다〉라는 프로그램에서 연예인들이 메이크업을 받으러 가기 전, 자신의 차에서 팩을 붙이는 모습을

종종 볼 수 있을 겁니다. 메이크업을 잘 받기 위해서는 내 피부가 촉촉하게 보습을 유지해야 하므로 간편하고 효과적인 방법이라 생각됩니다.

Q 22. 20대, 30대, 40대별 꼭 발라야 하는 제품 라인은?

A 22. 10대 : 베이직 스킨 케어, 클렌징, 선크림

20대 : 기본적인 수분 케어만 해도 예쁠 나이입니다(문제성 피부 제외).

스킨 〉 아이크림 〉 에센스 〉 수분크림 〉 선크림 〉 비비크림 순으로 바르셔도 됩니다.

30대 : 기초 케어에 기능성 제품(탄력, 보습, 미백 제품)을 추가해 케어한다고 보시면 됩니다.

40대 : '여자의 나이테'라는 눈가주름, 목주름 케어에 특히 신경 쓸 시기죠.

가능하다면 피부관리실(에스테틱 케어) 시술과 병행해서 케어해주시면 더욱 좋습니다.

Q 23. 화장품을 손으로 바르는 게 나은 건지, 화장솜으로 바르는 게 나은 건지 알려주세요.

A 23. 화장품을 솜으로 바르는 경우는 주로 스킨을 바를 때인데요, 스킨은 클렌징의 마무리 단계라 할 정도로 세안 후 남아 있는 메이크업의 잔여물이나 노폐물을 닦아주고 pH밸런스를 맞춰주는 단계입니다. 손으로 바르면 손바닥에 흡수되는 양이 많을 수 있고, 세안 후 남아 있는 잔여물을 스킨과 함께 그냥 흡수시킬 수 있으므로 화장솜에 적셔 스킨의 양을 조절하고, 얼굴, 목 부위까지 가볍게 닦아주듯이 발라줍니다.

Q 24. 피부관리실, 한 달에 몇 번 가야 하나요?

A 24. 피부 각질 탈락 주기는 28일 전후이기 때문에 주 1~2회 정도 가벼운 각질 제거와 함께 수분 관리 미백 관리, 안티 에이징 관리, 여드름 관리 등을 해주는 게 중요합니다.
피부관리실의 보통 티켓팅 횟수는 10회 관리를 추천하지만, 사실 주 1회, 월 4회 관리를 받으셔도 좋습니다. 사실 저도 바쁘다 보니 피부관리실은 한 달에 두 번 정도로 하고, 나머지는 홈케어로 유지하고 있습니다.

Q 25. 명품 브랜드 화장품과 에스테틱 화장품 홈쇼핑 화장품의 차이는?

A 25. 백화점에서 판매하는 명품 브랜드 화장품을 주로 시판 화장품이라고 설명하는데, 수입 화장품과 국내에서 생산된 브랜드 제품이 이에 해당합니다. 수입 화장품은 국내 제품보다는 대체로 수입 원가가 높기 때문에 유통가를 더하면 고가의 화장품이 될 수밖에 없습니다.

브랜드 이미지도 이미 형성되어 있으므로, 그 가치는 인정할 만하죠. 명품 화장품은 누구나 사용할 수 있는 무난한 제품으로 출시해야 하므로 부작용 사례가 나오면 안 됩니다. 그만큼 안전한 성분들의 배합으로 만들어져 나온다고 할 수 있습니다.

에스테틱 화장품은 피부 관리실, 스파에서 사용하는 프로페셔널 제품과 그곳에서 경험해본 소비자가 사용하는 리테일 제품으로 나눌 수 있습니다. 피부관리실에서는 문제성 피부 케어나 도구를 이용한 마사지, 머신을 이용한 케어를 하기 때문에 특성에 맞는 관리에 필요한 제품으로 만들어졌고, 일반 시판 화장품보다는 임팩트 있고 효과적인 제품이 많이 나와 있습니다.

요즘 2030세대들은 시판 화장품보다 효과 좋은 에스테틱 화장품을 직접 찾아 소비하는 친구들이 많아 뷰티 공구로도 판매하기도 합니다.

피부 전문가들이 함께 사용하는 제품이다 보니 혹시 문제가 생겼을지라도 전문가들의 프로페셔널한 처방으로 해결될 수 있는 장점이 있습니다.

홈쇼핑 화장품 역시 같은 제조공장에서 나오는 화장품이며, 유통의 차이로 분리한다고 말할 수 있습니다. 우리나라에서 화장품을 생산하는 공장은 몇 군데 정해져 있어 대부분 같은 제조공장에서 제품이 출시되므로 효과 좋은 안전한 제품에 어느 브랜드를 입히고, 어느 방송으로 홈쇼핑을 하느냐에 따라 판매량이 달라지게 됩니다.

193

*

에필로그

*

5년 전, 내 나이 마흔 다섯 살에 여성 CEO 모임을 통해 서로 다른 분야에서 일하고 있는 다섯 명의 대표들을 만나게 되었다. 다들 한 미모에 워킹우먼으로서 성공을 향해 나아가는 멋진 분들이었다.

우리는 몇 번의 만남으로 비즈니스 이야기를 나누게 되었고, 각자 쉰이란 나이가 되기 전, 자기 분야의 책을 한번 써보자고 서로 이야기했다.

그 후, 1년이 지나 우연히 다른 연구소 모임에서 공저로 책을 준비하는 프로젝트에 참여하게 되었다. 그 당시 나는 K-뷰티 관련 글을 담당했다. 두 달 정도 모여서 회의하고 미팅을 했지만,

---

CEO 이수진의 **뷰티 라이프 스타일을 판다**

뜻하지 않은 일로 무산되었다. 솔직히 책을 쓴다는 일이 나와는 먼 이야기 같았고, 너무 어려운 분야로 느껴졌다.

　그러나 2년 전, 난 후배 양성을 위해서라도 책을 써야겠다고 마음먹게 되었다. 그 후로 새벽에 기상해서 꾸준히 독서를 했고, 기록하기 위해 주변을 관찰했던 것 같다. 또한, 날 찾아온 워킹우 먼들과 대화를 나누고, 고충을 듣다 보니 그들에게 도움이 되는 노하우를 전달해드리고도 싶었다.

　온라인 마케팅은 진정성이 느껴지는 공감되는 글과 성실함만으로도 잘해나갈 수 있다. 그런데 의욕은 있으나 꾸준히 하시는 분들은 많지 않은 게 사실이다. 꾸준히 한다는 게 쉬운 일이 아니다.

　사업 이야기를 할 때, 자본금이 부족하다는 말만 하시는데, 온라인 마케팅은 트렌드를 읽는 공부와 꾸준함이 있다면, 아주 적은 자본으로도 시작할 수 있다. 우리 회사의 스마트 스토어도 2년 동안 광고 한 번 없이 나 스스로 일정한 루틴을 정해 SNS 홍보를 한 결과물이다. 빚을 갚으며 사업을 하다 보니 늘 간절한 마음으로 노력했고, 그 성실함 덕에 이렇게 책을 쓸 수 있었던 것 같다.

이번 책을 통해 내 삶을 뒤돌아보며, 매 순간 성실히 살아온 나 자신에게 고생했다고 잘했다고 칭찬해주고 싶다. 8년 이상 사업을 해오면서 수많은 일을 겪다 보니 세상은 만만한 곳이 아니었다. 직원 일곱 명씩 데리고 있다가 경영 미숙으로 회사 문을 닫게 되고, 밀린 급여로 직원에게 소송당한 회사 대표가 다른 회사로 취업해 빚을 갚는 케이스도 옆에서 지켜보았다.

내가 운영하다 보니 회사 규모보다 실속이 중요했다. 매출이 일어나지 않으면 회사는 망할 수밖에 없다. 그래서 단순히 뷰티 경력만을 믿고 사업을 시작하려고 한다면 말리고 싶다. 대기업이 아닌 이상 대표는 트렌드를 읽을 줄 알아야 하고, 2020년처럼 코로나로 어수선한 세상이 다가왔을 때 버틸 만한 플랜B도 준비해야 한다.

오프라인만 믿고 영업했던 내가 다시 사회에 나와서 온라인을 공부하는 일은 컴맹이었던 내게 굉장히 힘든 일이었다. 하지만 SNS를 꾸준히 하다 보니 공부가 되었고, 인맥도 생겼으며, 나를 브랜딩하게 되는 수준에까지 이르렀다. 아주 작은 회사이기에 내가 취급하는 브랜드 제품을 직접 홍보했고, 그 모습을 지켜보는 SNS 친구들을 통해 구매가 일어났던 것이다.

사업을 하고 싶은데 돈이 없어 시작을 못 하신다는 분들에게 사업의 구조를 이해하고 당장 SNS 마케팅을 시작하라고 조언해 드리고 싶다. 나의 창업 자금도 통장에 있는 잔액 500만 원이 다였다. 그 500만 원으로 꾸준히 노력하다 보니 지금은 평생직장을 얻게 된 것이다.

　　또한, 현장 경험과 더불어 매일 꾸준히 독서를 해보라고 권하고 싶다. 내가 지켜본 바 공부하는 오너와 그렇지 않은 오너의 미래는 분명 달랐다. 우리 같은 소상공인들에게는 공부만이 살길이다. 모든 소상공인분들의 사업 성공을 기원한다.

197

WEVE CNC
WEVE CNC - Clinic n care

홈 비즈니스, 뷰티로 시작해볼까?

CEO 이수진의 뷰티 라이프 스타일을 판다

제1판 1쇄 | 2021년 1월 11일

지은이 | 이수진
펴낸이 | 손희식
펴낸곳 | 한국경제신문*i*
기획제작 | (주)두드림미디어
책임편집 | 최윤경   디자인 | 얼앤똘비악earl_tolbiac@naver.com

주소 | 서울특별시 중구 청파로 463
기획출판팀 | 02-333-3577
E-mail | dodreamedia@naver.com
등록 | 제 2-315(1967. 5. 15)

ISBN 978-89-475-4677-5 (03320)